心療内科産業医と取り組む

ストレスチェック集団分析

職場改善への活用手順と実践例

産業医事務所
セントラルメディカルサポート 代表
石澤哲郎

第一法規

序　文

ストレスチェック制度がスタートして数年経ちましたが、皆さんの会社では制度の目的の一つである「集団分析を用いた職場改善活動」は十分にできているでしょうか。筆者は心療内科産業医として約40社のストレスチェックに関わってきましたが、個人情報保護を重視する制度の特性や、企業内のリソース不足から、集団分析の実施や職場改善への活用に苦慮する企業を多数見てきました。実際、厚生労働省の調査によれば、集団分析を活用した職場改善の２０１６年の実施率は、全事業所の約37％にとどまっています。

しかし、「ストレスチェックを実施するだけでは従業員のストレス度の改善や職場の生産性向上は得られず、集団分析結果に基づいた職場改善活動が必須である」という研究結果が既に出ており（詳細は25頁参照）、これは皆さんの肌感覚とも一致するものでしょう。国もこの問題を把握しており、第13次労働災害防止計画では、２０２２年度までに集団分析を実施・活用する事業場の割合を全事業場の60％以上とする数値目標が設定されています。

では、具体的にはどのように取り組めばよいのでしょうか。厚生労働省のモデル事例集や専門書を読むと、「産業医や保健師などを中心に職場でワーキンググループを作る」「各部署に担当者を置いてPDCAサイクルを回す」など様々な取り組みが紹介されています。しかし、多くの企業では担当者も含めて「誰一人集団分析を正確に理解し、活用できる人がいない」といった状況が珍しくありません。またストレスチェックの委託先の機関も、集団分析の細かい解釈や職場改善活動まで助けてくれるわけではありません。そんな状況で、「うちの会社でも職場改善活動を始めるように」「働き方改革に集団分析を活用しよう」と経営者から言われ、途方に暮れている労務担当者は少なからずいるのではないでしょうか。

本書は、専門家による十分なサポートリソースのない企業であっても、労務担当者が集団分析結果を確認して職場改善に取り組むために必要な知識を身につけることを目的としています。まずストレスチェック制度の概要について解説した後、集団分析の読み方や解釈について勉強します。そして最後に、専門家に頼まなくても実施可能な、集団分析を用いた職場改善への具体的な取り組み施策について、ケーススタディを交えてわかりやすく説明します。本書の内容が、ストレスチェックの活用に悩む労務担当者の一助になれば幸いです。

2020年3月

石澤哲郎

目　次

第4章　職場改善活動の展開

第5章　ケーススタディ

第1章
ストレスチェックとは

ストレスチェック制度の成り立ち

産業衛生活動の歴史

２０１５年12月から施行されたストレスチェック制度は、「従業員のストレス状況について調べることを会社に法律で義務付けた、世界で唯一の制度」とも言われます。このような制度は、どういった経緯で生まれたのでしょうか。

日本における従業員の健康管理活動（産業衛生活動）の歴史は、19世紀の製糸工場まで遡ります。明治時代は富岡などの製糸工場で多くの女工が働いていましたが、衛生環境が極めて悪く、長時間労働も今とは比較にならない過酷なものでした。多くの労働者が結核などの病気で亡くなる悲劇的な状況への対策として１９１１年に制定された工場法（１９１６年施行）が、日本の労働者保護に関する法制度の始まりとされています。その後も少しずつ制度が整備されていきましたが、１９７０年代ごろまでは鉱山でのじん肺問題や高度成長期の公害問題への対策など、「職場環境による健康被害から労働者をどう守るか」が産業衛生活動の主なテーマでした。

その後、１９８０年代に入って日本の産業構造がサービス業中心になると、オフィスで仕事をする労働者が増えて職場環境による健康被害は減少する一方、長時間労働などの働き方の問題や、生活習慣病対策が主要な産業衛生課題になりました。

そして２０００年ごろから、うつ病などのメンタルヘルスの問題による休職者や自殺者が社会問題となってきました。精神疾患による労災認定件数も、２０００年には36件だったものが２０１８年には４６５件と約20年で10数倍に激増し、産業衛生活動のみならずコンプライアンスの観点からも、企業には従業員を守るためのメンタルヘルス対策の向上が強く要請されるようになったのです。

このような社会の変化に合わせ、２００６年には「心の健康づくり計画」の策定が全ての企業に求められ、ラインケア研修や復職支援制度の導入などのメンタルヘルス対策が各社で行われるようになってきました。そして、これらの施策の総仕上げとして、より早期に従業員に対してストレス状況への気付きを促し、職場改善や個別介入を実施するため、いわば「心の健康診断」を念頭に策定されたのがストレスチェック制度です。

集団分析の位置付け

当初検討されたストレスチェック制度はラインケアの二次予防、つまり「メンタルヘルス不調の早期発見、早期対応」を目的に、定期健康診断と同じように会社が結果を確認して従業員へのサポートを図る制度設計だったようです。しかし個人情報保護の流れもあり、最終的にはセルフケアの一次予防、つまり「従業員自身の気付きの促し」を主目的とした現行の形になりました。端的に言うと、ストレスチェック結果は本人だけが把握し、会社が個人の情報を入手できるのは本人から医師面接（高ストレス者面接）の申し出があった場合だけ、というのが原則の制度設計となっています。

ただ、いくら個人情報保護が重要だとしても、多くの時間やコストをかけて集めたデータを会社が全く使えないと、有益な職場改善活動につなげるのが難しくなります。そのため、ストレスチェックには、会社が個人情報を排除する形でデータを取得し、職場のストレス状況を把握するための制度が盛り込まれることになりました。これが本書で解説する集団分析です。

ストレスチェック制度の流れ

ストレスチェック制度の流れは、大まかには「導入前の準備」「ストレスチェック実施」「高ストレス者対応」「集団分析」に分類されます。そして、これらを通じて従業員のセルフケアや産業衛生スタッフによる高ストレス者のサポート、職場改善活動などを促し、メンタルヘルス不調を未然に防止するのが制度目的です。このうち集団分析は努力義務、それ以外は常時50人以上の労働者を使用する事業場では必ず実施しなくてはいけない法的義務です。集団分析については第2章以降で詳しく説明しますので、まずは他の部分について解説します。

導入前の準備

まず、会社としてストレスチェックの制度設計をどうするか、会社の産業衛生活動の中心である衛生委員会等で調査審議しなくてはなりません。具体的には、「実施者を誰にするか（社内実施／外部委託）」「どんな調査票を用いるのか」「いつ実施するのか」など11項目（15頁図表参

ストレスチェック制度の実施手順

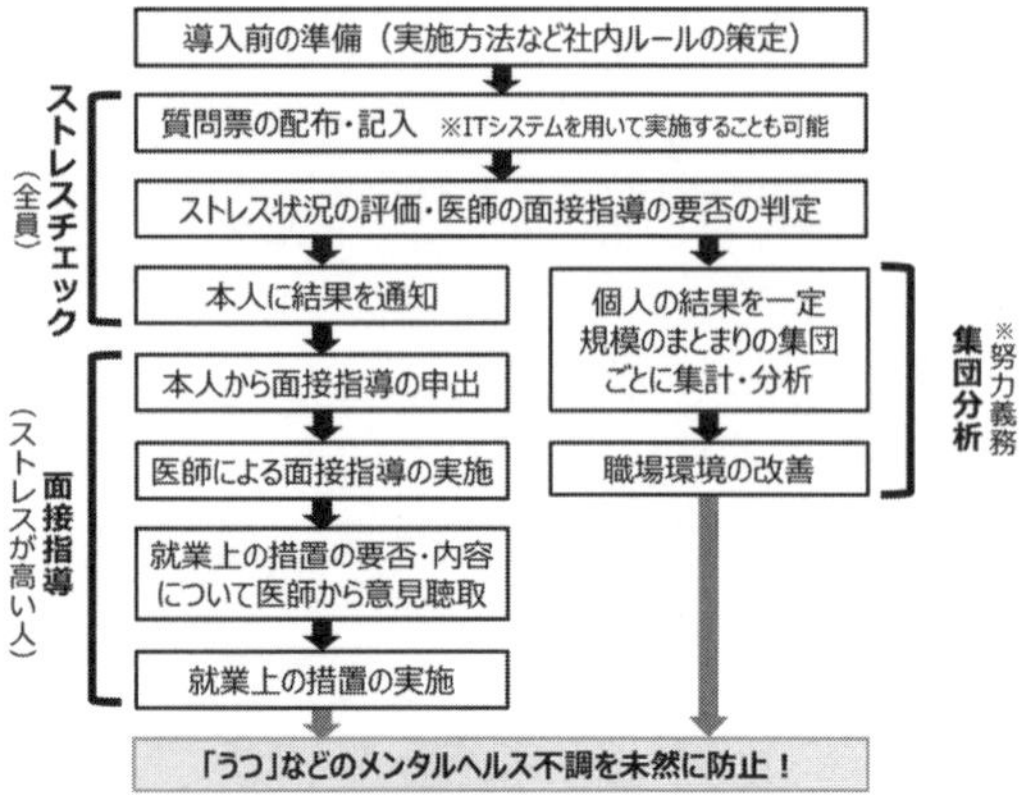

出典：厚生労働省「ストレスチェック制度　簡単！導入マニュアル」

照）について決定し、実施規程を策定した上で全従業員へ周知することが求められます。

厚生労働省の「労働安全衛生法に基づくストレスチェック制度実施マニュアル」（以下、「実施マニュアル」）には、実施規程例が掲載されているので、新たに策定する際は是非参考にしてください。なお、規程は毎年作り直す必要はありませんが、改定する場合は再度衛生委員会等で調査審議をする必要があります。

策定した規程の内容は、全従業員に対して十分に周知する必要があります。特にストレスチェック制度の目的や不利益取り扱いが禁止されている点をしっかり伝え、「悪用されるのではないか」といった従業員の心配を取り除き、安心して受検してもらえるようにす

衛生委員会等において調査審議すべき事項

① ストレスチェック制度の目的に係る周知方法
② ストレスチェック制度の実施体制
③ ストレスチェック制度の実施方法
④ ストレスチェック結果に基づく集団ごとの集計・分析の方法
⑤ ストレスチェックの受検の有無の情報の取り扱い
⑥ ストレスチェック結果の記録の保存方法
⑦ ストレスチェック、面接指導及び集団ごとの集計・分析の結果の利用目的及び利用方法
⑧ ストレスチェック、面接指導及び集団ごとの集計・分析に関する情報の開示、訂正、追加及び削除の方法
⑨ ストレスチェック、面接指導及び集団ごとの集計・分析に関する情報の取り扱いに関する苦情の処理方法
⑩ 労働者がストレスチェックを受けないことを選択できること
⑪ 労働者に対する不利益な取り扱いの防止

出典：厚生労働省「心理的な負担の程度を把握するための検査及び面接指導の実施並びに面接指導結果に基づき事業者が講ずべき措置に関する指針」より抜粋

ることが大切です。

実施事務従事者について

社内ルール策定において、特に注意していただきたいのは「実施事務従事者」に関する規定です。実施事務従事者とは、実施者（ストレスチェックを実施する医師等）の指示に基づき、ストレスチェックの実施の事務に携わり、個人データの入出力や保存などを行う担当者のことです。職務上、個人データの閲覧が例外的に認められますが、医師や実施者と同様に情報を漏えいすることが法律で禁止されています（労働安全衛生法104条）。また氏名を社内に周知する必要があり、人事権を有する従業員は担当できない点も要注意です。

外部機関にストレスチェック実施を委託する場合は、必ずしも社内に実施事務従事者を置く必要はありません。ただ、その場合は、実施者となった産業医や保健師などの医療スタッフ以外は個別結果を確認できないため、集団分析を細かく検討することが難しくなります。「人事権を有さない一方、残業時間や健診結果などの健康関連情報にアプローチできる人」、つまり労務担当者等に実施事務従事者になってもらうことが、集団分析を活用する上で望ましいでしょう。

ストレスチェックの実施

ストレスチェックの実施については、50名以上が所属する事業場の全従業員が対象となります（ただし定期健康診断とは異なり、従業員側に受検義務はありません）。事業場単位で実施されるため、同じ会社であっても、50名未満の小規模事業場では実施が義務付けられませんが、従業員間の不平等を防ぐとともに集団分析を活用するため、できるだけ全ての事業場で実施することが望ましいと考えられます。

ストレスチェックには自己記入式の調査票が用いられますが、最も多く利用されているものが厚生労働省が推奨する57項目の調査票（職業性ストレス簡易調査票）です。これは「職場のストレス要因」「抑うつや不眠などのストレス反応」「職場やプライベートの緩衝要因」を調べるための調査票です。また、厚生労働省のホームページから実施用プログラムをダウンロードすれば（無料）、業者に委託しなくても自社でストレスチェックを実施することが可能です。一方、最近注目されている「ワーク・エンゲイジメント」「ポジティブサイコロジー」といった前向きな指標は職業性ストレス簡易調査票にほとんど含まれていないため、より詳しい調査票を活用する企業も増えています。

ストレスチェック制度自体は、調査票を用いた紙ベースでの実施を想定しています。しかし実際には、紙は保管や採点が大変であり、記載ミスもあり得ることから、多くの場合ＩＣＴ（情報通信技術）、つまりパソコンやスマートフォンを利用して実施されます。外部業者に委託する際には、実施方法や使いやすさもしっかり確認しましょう。

ストレスチェック実施後は、実施者が回答結果から職場のストレスに関する「ストレス要因」「ストレス反応」「周囲のサポート」などの得点を算出し、速やかに本人に返送します。その際にはセルフケアのアドバイスも通知し、受検者のメンタルヘルス不調の未然防止に役立ててもらうことになります。

なお、最近では従業員の国籍や言語が多様化している関係で、英語や中国語、韓国語などでの実施を希望する会社も増えています。外国語で実施した場合には、翻訳のニュアンスなどによっては適切な結果が得られるかわからないという問題もありますが、使用言語にかかわらず全従業員への実施が義務付けられている以上、外国籍の従業員が多い企業では外国語翻訳版の職業性ストレス簡易調査票(1)を用いるなどの対応を考える必要があるでしょう。

高ストレス者面接の実施

高ストレス者面接の流れ

ストレスチェックは、従業員本人が自分のストレスに気付き、適切なセルフケアを実施するためのきっかけとすることが主目的です。しかし、ストレス度が高い従業員については、医師の面接や、それに基づく就業上の配慮および職場改善について会社も積極的に関わっていくことが求められます。これが「高ストレス者面接」と呼ばれる制度です。

ストレスチェックで利用する調査票の種類にもよりますが、概ね得点が高い方から1割程度の従業員が「高ストレス者」に分類されます。これらの高ストレス者には、結果の返却にあたって当該従業員が高ストレス者であると伝えることや、医師の面接指導を受けるよう勧めることが、実施者に義務付けられています。

ただし、ストレスチェック結果を本人の同意なく会社が取得することはできないので、面接を希望する高ストレス者には自分から医師による面接指導を希望する旨を申し出てもらう必要があります。そのため、会社は窓口を設置するだけではなく、申し出を理由とした不利益取り扱いが禁止されていることを周知し、高ストレス者に積極的に手を挙げてもらえる雰囲気を作ることが大切です。なお、医師面接希望の申し出は結果が通知されてから1ヶ月以内に、面接指導は申し出があってから1ヶ月以内に行うことが推奨されています。

医師による面接指導は通常、産業医が行うことになります。ただし産業医のいない地方の小事業所であったり、産業医にメンタルヘルスの専門知識がないなどの理由で、別の医師に面接してもらうことも可能です。その場合も、面接結果については産業医と情報共有することが望ましいとされています。

面接する医師はストレスチェックの結果を確認し、当該従業員に対し医学的指導を行います。この際には健診結果なども併せて確認することが推奨されます。

医師面接が終わったら、会社は1ヶ月以内に面接指導を実施した医師から就業上の措置の必要性の有無とその内容について意見を聞き、それを踏まえて労働時間の短縮など必要な措置を実施することが求められています。

なお、医師からの意見聴取の内容は、原則として就労上の配慮に必要な情報に限定されます。仮に何らかの精神疾患の診断がついた場合も、本人の同意なく面接医が会社に情報を伝えることは原則として認められないので注意してください。

また、面接指導の結果は事業所で5年間保存する義務があります。

就業上の配慮

高ストレス者に対する就業上の配慮としての具体的な措置の内容や方法については、法律上の規定がありません。例えば「高ストレス者に対して残業を月○時間以内に制限する」「上司も交えて業務内容の調整を検討する」「配置転換を検討する」といった対応が求められる場合がありますが、長時間労働者やメンタルヘルス不調者への対応と同様に「周囲に過度な負担をかけない範囲で可能な限り配慮する」というのが原則になります。

就業上の措置の最終決定権限は会社にありますから、必ずしも面接担当医の意見に全面的に従う必要はありませんが、法律上従業員へのサポートが要請されていることも考慮して、適切な措置の内容を関係者全員で擦り合わせることが大切です。

　また「高ストレス者であることは上司に伝えたくないが、就業上の配慮をしてほしい」と言う相談者も時々目にします。ハラスメントなどの問題があれば要検討ですが、必要な情報を隠したまま就業上の措置を行うことが、トラブルの原因になることも珍しくありません。ストレスチェック制度に不利益取り扱い禁止の規定が入っていることを説明し、本人の同意を得た上で、管理職などに必要な情報を共有するよう心がけてください。

　なお、ストレスチェック制度では「高ストレス者に不利益となるような極端な配慮」も禁止されています。例えば産業医が「異動させるのが望ましい」と判断した場合にも、「本人の意見を考慮せずに北海道から沖縄に異動させる」といった対応は許容されません。そこまで極端なケースはまずないと思いますが、不要なトラブルを避けるためにも高ストレス者本人の意見も確認しながら対応を検討するようにしてください。

面接申し出のない高ストレス者への対応

　高ストレス者面接という制度があるにもかかわらず、実際には高ストレス者の10人に1人くらいしか面接申し出のない会社が大半だと言われています。残り9割の高ストレス者に対して、会社としてどのような対応をするのが望ましいのでしょうか。

医師面接の申し出のない高ストレス者には、以下のようなケースが考えられます。

① 一時的なストレスによる体調変化に過ぎず、医師面接が不要なケース
② ストレス要因が会社外にあるなどの理由で、医師面接の必要性が低いケース
③ 本来は医師面接が必要だが、「会社に知られたくない」等の理由で本人が拒否的なケース

①や②に該当する従業員ばかりなら面接実施率が低くても問題ありませんが、③のような従業員をどのようにケアするかが問題です。あまりに申し出率が低い場合は、ストレスチェック実施機関や実施事務従事者といった個人情報にアクセスできる人から、高ストレス者に対して面接を受けるように繰り返し声かけしてみるのがよいでしょう。また次善の策として、電話カウンセリングなど社外の医療資源を使える場合は、「会社に情報が伝わることはない」ことを保証した上でそれらのサービスを紹介するのも適切な対応です。

ただし、会社に高ストレス者と知られることが自分の不利益にならないか心配したり、個人情報を会社に伝えることを非常に嫌がる従業員も多いため、あまり声かけし過ぎるのは逆効果になる場合があります。そのような人には、むしろ会社からは積極的に面接を勧めない方がよいことが少なくありません。いずれにせよ、本人から自主的に面接の申し出ができる

（＝会社を信頼できる）社風作りが何よりも大切であることを認識するようにしてください。

ストレスチェック終了後に行うこと

その年のストレスチェック対応が終わったら、衛生委員会で振り返りを行い、問題点がなかったか確認しましょう。毎年の傾向をつかむ上では、同じタイミングでの実施が望ましいですが、もし繁忙期などに当たってしまっていたら、翌年は実施時期をずらした方がよいかもしれません。また「実施期間が短すぎないか」「利用するシステムはわかりやすいか」といった点も検討課題でしょう。集団分析を意味あるものにするためにも、できるだけ高い受検率が重要になります。従業員の声に耳を傾け、より使いやすい制度設計を心がけてください。

またストレスチェックの実施結果の概略について、毎年労働基準監督署に対して報告書を提出する必要があります。これは国が統計資料として用いるために提出を求めているだけであり、「実施率や面接数が少ないことを問題視されないか」などと心配する必要はありません。ただし提出しないと労働基準監督署から指導が入ることもあるので、毎年同じ時期を目安に提出するようにしましょう。

集団分析の活用

集団分析の意義

これまでの説明から気がついた方もいると思いますが、ストレスチェックは従業員の個人情報を守ることを非常に重視しているため、会社にとってはデータを活用しにくい制度設計になっています。実施規程に定められた実施者や実施事務従事者以外は個別のストレスチェックの結果を確認することができず、高ストレス者であるか否かについても、本人が手を挙げない限り把握することができません。さらに高ストレス者の中で面接を希望する割合が非常に少ない（一般的には1割以下）ことも考慮すると、会社が直接的に職場改善に利用できるデータがほとんどないことが理解できると思います。

この問題への対策として実施されるのが集団分析です。集団分析とは、個人を特定できる情報（個人情報）を除き、年齢層や男女別、職場や職種単位などでまとめたデータを比較することにより、その会社のストレス状況について明らかにする手法です。なお、集団の構成人数が少なすぎると個人の特定につながってしまうため、一般的には集団の最小単位は10人程度が適切とされています（個人情報に関する配慮が適切になされれば5人程度の集団でも分析可能です）。

職場改善活動の重要性

ただし、集団分析は「分析すればおしまい」というものではありません。実際、集団分析を実施している会社が少なくないにもかかわらず、２０１８年に報告された従業員に対する調査[(2)]では「ストレスチェックにより職場改善がなされた」という肯定的な意見は２％未満にとどまっています。「ストレスチェックや集団分析を実施するだけでは従業員のストレス度の改善や職場の生産性向上は得られず、集団分析結果に基づいた職場改善活動が必須である」という研究結果[(3)]もありますが、これは皆さんの肌感覚と一致するものでしょう。単に法令に従って機械的に毎年ストレスチェックや集団分析を実施するだけでは、単なるお金の無駄遣いになりかねないのです。国もこの問題を把握しており、２０２２年度までに「ストレスチェック結果を職場改善に生かす企業を60％以上にする」という数値目標を掲げています。

では、具体的にはどのように集団分析を活用した職場改善活動に取り組めばよいのでしょうか。その答えは企業の規模や利用できるリソースによって変わってきます。例えば常勤の産業医や保健師がいる大企業であれば、「産業医や保健師を中心に職場でワーキンググループを作る」「各部署に担当者を置いてＰＤＣＡサイクルを回す」など様々な取り組みができるでしょう。一方で、1事業所あたりの従業員数が１００名未満の企業では常勤産業医の設置義務がなく、専門家のサポートが十分に得られないことが少なくありません。そういった会社では、労務担当者が集団分析結果をしっかり読み解き問題点を把握した上で、経営者や管理職に展開することが求められます。

集団分析結果を詳細に分析し、各職場や従業員属性に合った対策を考えることは、単に職場のストレスを低減させるだけではなく、「会社が本気で従業員にとって働きやすい環境を作ろうと考えている」ことを従業員に伝えるきっかけになります。そして、「働きやすい職場環境や従業員の会社に対する前向きな評価（ワーク・エンゲイジメント）が、休職者・退職者の減少や労働生産性向上につながり、結果的には会社の利益にもなる」といったサイクルを作り出すことが、集団分析に基づく職場改善活動の最終目標です。

次章以降で詳しく集団分析の読み解き方を理解していただくとともに、その活用法や具体的な職場改善活動について紹介したいと思います。

(1)　厚生労働省静岡労働局「職業性ストレス簡易調査票（57項目）ポルトガル語版、中国語版、英語版、ベトナム語版の掲載（日本語版も掲載）」（ウェブサイト）https://jsite.mhlw.go.jp/shizuoka-roudoukyoku/hourei_seido_tetsuzuki/anzen_eisei/hourei_seido/_120099.html

(2)　浅井裕美、今村幸太郎、堤明純、島津明人、井上彰臣、廣尚典、小田切優子、吉川徹、吉川悦子、川上憲人「ストレスチェック制度施行開始1年度の実施状況、有用性および課題：労働者へのインターネット調査」産業ストレス研究 25(2) 257-271 2018

(3)　平成27年度構成労働科学研究費補助金（労働安全衛生総合研究事業）「ストレスチェック制度による労働者のメンタルヘルス不調の予防と職場環境改善効果に関する研究」（H27−労働−一般−004）主任研究者　川上憲人（2018年3月）

集団分析の解説に入る前に…

◉本書における「尺度」等の名称について

厚生労働省推奨「職業性ストレス簡易調査票」（57項目）素点換算表における「尺度」（指標）等の名称と、「仕事のストレス判定図」における指標の名称は以下のとおりです。本書では原則として、それぞれの名称を用いますが、同一の指標の名称が両者で異なる場合等、一部の名称については「本書における名称」欄に記載の名称を用います。

また、「職業性ストレス簡易調査票」に関連した内容について述べる場合は、素点換算表における名称および本書における名称を用いて〔　〕で示し、「仕事のストレス判定図」に関する内容について述べる場合は、「仕事のストレス判定図」における名称を用いて【　】で示すこととします。

なお、「職業性ストレス簡易調査票」「素点換算表」および「仕事のストレス判定図」の詳細につきましては、本書36頁を参照ください。

職業性ストレス簡易調査票素点換算表における名称	仕事のストレス判定図における名称（量―コントロール判定図、職場の支援判定図）	本書における名称
■ストレスの原因と考えられる因子		■ストレス要因
心理的な仕事の負担（量）	仕事の量的負担	仕事の量的負担
心理的な仕事の負担（質）	―	
自覚的な身体的負担度	―	
職場の対人関係でのストレス	―	
職場環境によるストレス	―	
仕事のコントロール度	仕事のコントロール	仕事のコントロール
技能の活用度	―	
仕事の適性度	―	
働きがい	―	
■ストレスによっておこる心身の反応		■ストレス反応
活気	―	
イライラ感	―	
疲労感	―	
不安感	―	
抑うつ感	―	
身体愁訴	―	
■ストレス反応に影響を与える他の因子		■サポート要因
上司からのサポート	上司の支援	上司の支援
同僚からのサポート	同僚の支援	同僚の支援
家族・友人からのサポート	―	
仕事や生活の満足度	―	

第2章

集団分析の結果を読み解く

職業性ストレスモデルについて

前章で解説したとおり、集団分析は仕事のストレスに関連する指標を職場ごとに算出し、職場改善活動の契機とすることを目的としています。集団分析の読み方を詳しく解説する前に、まずはストレスとメンタルヘルス不調との関連について考えてみましょう。

ストレスとメンタルヘルスの関係

ストレスに伴う体調不良やメンタルヘルス不調の発症は、しばしばコップの中の水位に例えられます。水がストレスの量、コップの容量がその人のストレス耐性だと考えてください。長時間労働や職場の人間関係の悩み、家族の健康問題などの精神的な負担があると、仮に一つひとつが小さなストレスであっても、それが積み重なるうちに、だんだんと心のコップの水位が上がっていきます。そしてコップの容量を超えると、不安や怒りなどの感情が理性でコントロールできなくなり溢れ出してしまう、というイメージです。こういった高緊張状態で、さら

心のコップ

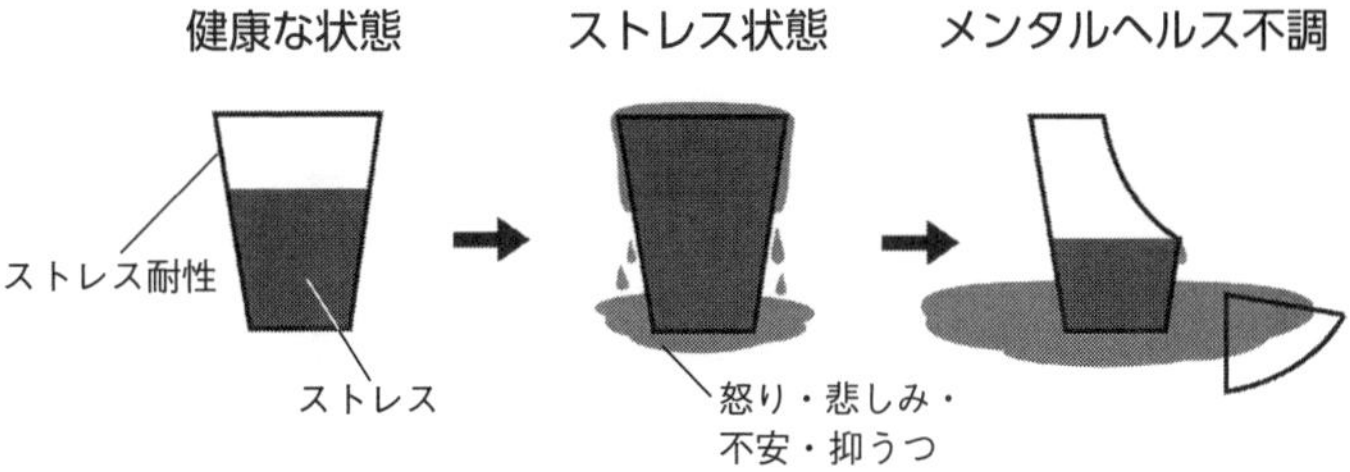

強いストレスがかかると心のコップの水位が上がります。コップの容量（＝ストレス耐性）を超えるとマイナスの感情があふれ出してしまいます。さらに大きなストレスが加わると、耐えきれなくなったコップが壊れ、メンタルヘルス不調になってしまうこともあります。

に仕事のトラブルや家庭の問題などで強い衝撃が加わると、コップ自体が壊れてしまう（＝メンタルヘルス不調を発症してストレス耐性がさらに低下する）こともあります。

一方で、心のコップの水位が上がってきたとしても、一人で抱え込まずに職場の同僚や上司、家族や友人に悩みを打ち明けることができれば、コップの容量（＝ストレス耐性）を超える前に、適切なストレス対処ができる可能性が高まります。しかし、職場や家庭でのコミュニケーションが取りにくい状況や、独居で知り合いが少ない環境では、コップからあふれ出したり、コップが壊れてしまってから初めて、周囲が気付く事態となります。ストレス耐性は人によって大きく異なるため、ある人は「こんなこともある」と受け流すことができても、別の人には、重大な問題として心身の負担となることがあり得ます。

ストレスの3つの要因

このように、メンタルヘルス不調の発症には、職場の様々なストレス要因だけではなく、職場外での要因（プライベートな出来事）、個々人のストレス耐性の強さ、職場や家庭でのサポートの有無などの緩衝要因が多重的に関わります。そのため、同じような職場環境でも、人によってメンタルヘルス不調のなりやすさには大きな差があります。これをわかりやすくモデル化したものが、米国の国立労働安全衛生研究所（National Institute for Occupational Safety and Health, NIOSH）が提案した職業性ストレスモデルです。

このモデルのポイントは、職場のストレスから急性ストレス反応が生じる経過に「個人要因」「仕事外の要因」「緩衝要因」が関係する、という点です。

個人要因とは、個人の性格傾向などに起因したストレス反応の起こりやすさ（＝ストレス耐性）のことです。例えば長時間労働について、まったく気にしない人もいれば、すぐに心身の疲労がたまってしまう人もいます。また上司や同僚とのコミュニケーションでストレス発散できる人がいる一方、1人で仕事をする方が落ち着ける人も少なくありません。さらに、何事にも前向きに取り組める人の方が、後ろ向きに考えてしまう人よりもストレスに強いのは自明のことでしょう。こういった一人ひとりの個性の違いで、同じような環境であってもストレスが心身に与える影響は大きく変わってきます。

NIOSHの職業性ストレスモデル

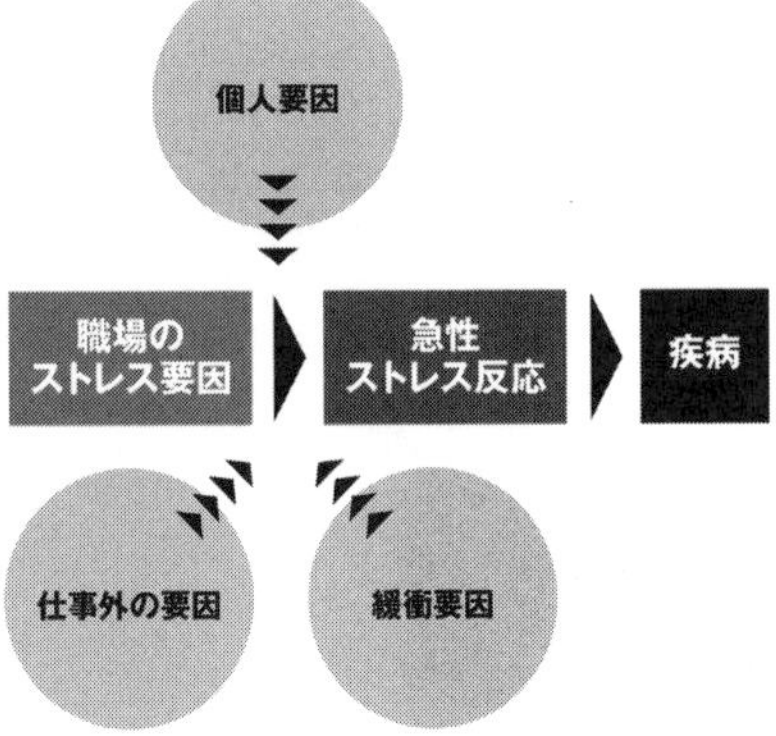

仕事外の要因は、プライベートで受けるストレスのことです。例えば育児や介護、家族との人間関係といった慢性的な心労もあれば、引っ越しや結婚、急な入院といった急性の心的負担も含まれます。

最後に緩衝要因は、心的ストレスを減らす周囲のサポートのことです。暖かく見守ってくれる上司、仕事を助けてくれる同僚、愚痴を聞いてくれる家族といったサポートが多いほど、強いストレスがかかっても耐えられる、ということは、皆さんも経験があるでしょう。

ストレス反応を減らすために

この職業性ストレスモデルを読み解く上で重要なことは、「職場のストレスを軽減できなくても、ストレス反応を減らすことは可能である」という点です。もちろん労働時間削減や職場の雰囲気を良くすることでストレスが減れば一番良いのですが、常に職場の環境改善が可能とは限りません。しかし、職場のストレス要因を除去できなくても、ポジティブ思考を身に付けることができれば、ストレスによる体調の変化は小さくなります。またプライベートのトラブルには会社は直接介入できませんが、育児や介護などを支援する制度を充実させることで、家庭生活でのストレスを生じにくくすることはできるでしょう。さらに管理職研修などを通じて上司のサポートスキルを強化したり、家族のサポートを受けにくい単身赴任をできるだけ減らすなどの対処ができれば、メンタルヘルス不調の発症を防ぐことができるかもしれません。

なお、労務トラブルが生じるケースでは、病気になった従業員は「仕事のせいで体調を崩した」と考える一方、上司や労務担当者は「本人の性格やプライベートの問題で病気になった」

と考えがちです。しかし、たった一つのストレス要因や個人のストレス耐性が全ての原因であるケースはほとんどありませんので、それを念頭に関係者全員が認識の違いを擦り合わせていく努力が大切です。

このようなストレス反応に関連する「職場のストレス要因」「個人要因」「仕事外の要因」「緩衝要因」のうち、特に仕事との関連が強い「職場のストレス要因」と「緩衝要因」、そしてストレス反応そのものを確認しているのが「職業性ストレス簡易調査票」です。

職業性ストレス簡易調査票に準拠した集団分析の読み方

職業性ストレス簡易調査票の内容とストレス得点

厚生労働省が推奨している職業性ストレス簡易調査票の内容は38～39頁のとおりです。ここに示したものは57項目ありますが、簡略版として23項目の調査票も公表されています。

この調査票では、全ての設問に4段階評価で回答してもらいます。回答には「そうだ＝4点、まあそうだ＝3点、ややちがう＝2点、ちがう＝1点」などの配点を行い、様々なストレスに関連した項目ごとに、素点換算表に記載の計算方法に従って得点化します（詳細は「実施マニュアル」40頁の素点換算表を参照）。

一口に仕事のストレスといっても、人間関係のストレスで悩む人もいれば、忙しさについていけない人もいます。またストレス反応の出方も様々で、気持ちの落ち込みや不安感といった精神的な症状もあれば、胃痛や不眠、頭痛、食欲低下など身体的な変化が現れることもあります。各質問項目の結果から、特にストレスになりやすい状況や、ストレスにより生じやすい心身の症状を確認することで、一人ひとりが自分のストレス状況を把握し、改善を図るきっかけにすることを目的としています。

38頁の指標のうち、「ストレスの原因と考えられる因子」が職業性ストレスモデルにおける「職場のストレス要因」、「ストレスによっておこる心身の反応」が「急性ストレス反応」、「ストレス反応に影響を与える他の因子」が「緩衝要因」に該当します。なお、高ストレス者の判定も、これらの得点に基づいて行われます。

C　あなたの周りの方々についてうかがいます。最もあてはまるものに○を付けてください。

【回答肢（4段階）】非常に／かなり／多少／全くない

次の人たちはどのくらい気軽に話ができますか？

1. 上司　2. 職場の同僚　3. 配偶者、家族、友人等

あなたが困った時、次の人たちはどのくらい頼りになりますか？

4. 上司　5. 職場の同僚　6. 配偶者、家族、友人等

あなたの個人的な問題を相談したら、次の人たちはどのくらいきいてくれますか？

7. 上司　8. 職場の同僚　9. 配偶者、家族、友人等

D　満足度について

【回答肢（4段階）】満足／まあ満足／やや不満足／不満足

1. 仕事に満足だ　2. 家庭生活に満足だ

職業性ストレス簡易調査票から算出される「尺度」（指標）と関連する質問項目（57項目版）

■ストレスの原因と考えられる因子

心理的な仕事の負担（量）：A-1 ～ 3（57項目の質問番号。以下同）

心理的な仕事の負担（質）：A-4 ～ 6

自覚的な身体的負担度：A-7

職場の対人関係でのストレス：A-12 ～ 14

職場環境によるストレス：A-15

仕事のコントロール度：A-8 ～ 10

技能の活用度：A-11

仕事の適性度：A-16

働きがい：A-17

■ストレスによっておこる心身の反応

活気：B-1 ～ 3

イライラ感：B-4 ～ 6

疲労感：B-7 ～ 9

不安感：B-10 ～ 12

抑うつ感：B-13 ～ 18

身体愁訴：B-19 ～ 29

■ストレス反応に影響を与える他の因子

上司からのサポート：C-1、4、7

同僚からのサポート：C-2、5、8

家族・友人からのサポート：C-3、6、9

仕事や生活の満足度：D-1 ～ 2

出典：厚生労働省「労働安全衛生法に基づくストレスチェック制度実施マニュアル」（2019年7月最終改訂）40頁を筆者が改変して作成

職業性ストレス簡易調査票（57項目）の質問項目

A　あなたの仕事についてうかがいます。最もあてはまるものに○を付けてください。

【回答肢（4段階）】そうだ／まあそうだ／ややちがう／ちがう

1. 非常にたくさんの仕事をしなければならない
2. 時間内に仕事が処理しきれない
3. 一生懸命働かなければならない
4. かなり注意を集中する必要がある
5. 高度の知識や技術が必要なむずかしい仕事だ
6. 勤務時間中はいつも仕事のことを考えていなければならない
7. からだを大変よく使う仕事だ
8. 自分のペースで仕事ができる
9. 自分で仕事の順番・やり方を決めることができる
10. 職場の仕事の方針に自分の意見を反映できる
11. 自分の技能や知識を仕事で使うことが少ない
12. 私の部署内で意見のくい違いがある
13. 私の部署と他の部署とはうまが合わない
14. 私の職場の雰囲気は友好的である
15. 私の職場の作業環境（騒音、照明、温度、換気など）はよくない
16. 仕事の内容は自分にあっている
17. 働きがいのある仕事だ

B　最近1か月間のあなたの状態についてうかがいます。最もあてはまるものに○を付けてください。

【回答肢（4段階）】ほとんどなかった／ときどきあった／しばしばあった／ほとんどいつもあった

1. 活気がわいてくる
2. 元気がいっぱいだ
3. 生き生きする
4. 怒りを感じる
5. 内心腹立たしい
6. イライラしている
7. ひどく疲れた
8. へとへとだ
9. だるい
10. 気がはりつめている
11. 不安だ
12. 落着かない
13. ゆううつだ
14. 何をするのも面倒だ
15. 物事に集中できない
16. 気分が晴れない
17. 仕事が手につかない
18. 悲しいと感じる
19. めまいがする
20. 体のふしぶしが痛む
21. 頭が重かったり頭痛がする
22. 首筋や肩がこる
23. 腰が痛い
24. 目が疲れる
25. 動悸や息切れがする
26. 胃腸の具合が悪い
27. 食欲がない
28. 便秘や下痢をする
29. よく眠れない

出典：厚生労働省「労働安全衛生法に基づくストレスチェック制度実施マニュアル」（2019年7月最終改訂）

仕事のストレス判定図とは

集団分析の方法は、使用する調査票や検査項目により異なりますが、職業性ストレス簡易調査票を使用する場合は「仕事のストレス判定図」によることが適当とされています。

なお、以下の仕事のストレス判定図の作成方法に関する記述は、厚生労働省の「実施マニュアル」の記載内容を筆者が要約しています。

仕事のストレス判定図は、職場内の様々な集団（会社全体、属性別、部署別データなど）を対象として、心理社会的な仕事のストレス要因の程度と、これらが労働者の健康に与える影響の大きさを評価する方法です。仕事のストレス判定図は、2つの図からなっています。1つは、【仕事の量的負担】と【仕事のコントロール（仕事の裁量度）】を要因としてプロットされる「量―コントロール判定図」、もう1つは、【上司の支援】と【同僚の支援】から作成される「職場の支援判定図」です（42頁）。

仕事のストレス判定図では、職業性ストレス簡易調査票の〔仕事の量的負担〕〔仕事のコントロール〕〔上司の支援〕〔同僚の支援〕の4つの指標（それぞれ調査票の3項目、合計12項目から算出）の得点を利用します。判定図を作成しようとする集団について、これら4つの得点の平均値を仕事のストレス判定図の上にプロットします（厚生労働省から平均値の計算および仕事のストレス判定図の作成を自動的に行うプログラムが公表されています(4)）。いずれも白い部分が好ましい状況で、色が濃い部分はストレス度が高い状態です。プロットされた集団の位置を、仕事のストレス判定図上で標準集団（全国平均）と比較することで、その集団における仕事のストレス要因の特徴を全国平均と比較することができます。

健康リスクと総合健康リスク

仕事のストレス判定図上の斜めの線の値は、仕事のストレス要因から予想される疾病や休業などの健康問題のリスクについて、標準集団の平均を100として表しているものです。例えば、ある集団の位置が健康リスク110の線上にある場合には、その集団において健康問題が起きる可能性が、全国平均と比べて10％増加していると判断できます。

また、2つの図の健康リスクを掛け合わせることで、各職場の総合健康リスクを算出することができます。例えば、ここで示したケースであれば、仕事の量的負担とコントロール度による健康リスクが112、職場の支援状況による健康リスクが108であり、総合健康リ

仕事のストレス判定図

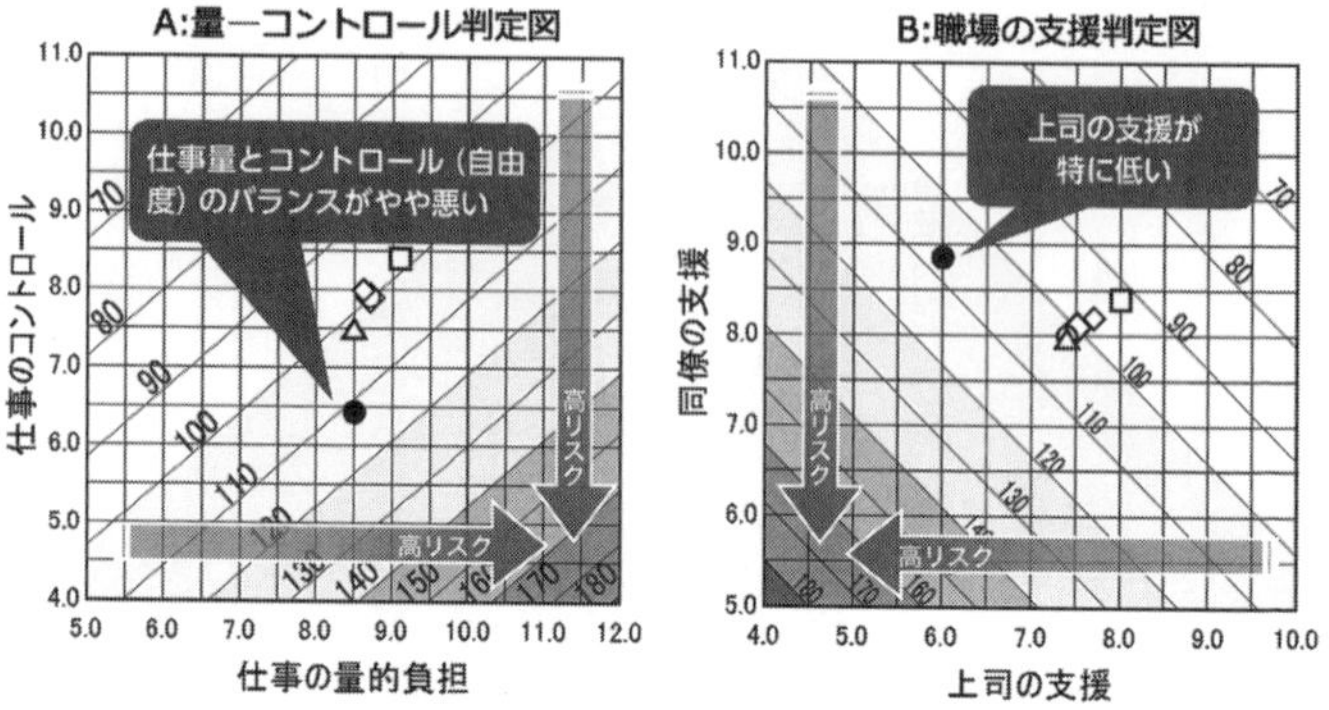

◇ 全国平均　□ 管理職　○ 専門職　◇ 事務職　△ 現業職　● 経理課

職場名：経理課　　人数：20人（男性10人、女性10人）

尺度	全国平均	平均点数（前回比）	健康リスク（前回比）全国平均＝100とした場合	
仕事の量的負担	8.7	8.5（+1.6）	量―コントロール判定図(A)	総合健康リスク
仕事のコントロール	7.9	6.4（+2.1）	112（−6）	(A)×(B)／100
上司の支援	7.5	6.0（−2.8）	職場の支援判定図(B)	
同僚の支援	8.1	8.8（−0.9）	108（+34）	121（+27）

カッコ内、下線部は前回よりリスクが高くなったもの、下線なしは前回よりリスクが低くなったもの
この例の場合、今回は「仕事のコントロール」値のみ、リスクが低くなった結果となっている
この職場では仕事のコントロール（自由度）は改善されているが、上司の支援が悪化
職場のストレスが高まったことにより健康リスクが通常の20％増加と推定

出典：厚生労働省版ストレスチェック実施プログラム（ウェブサイト）　管理職向けストレスチェック関連情報「職場結果「仕事のストレス判定図」について」

スクは1 2 1、つまり一般的な職場よりもメンタルヘルス不調などの問題が生じる可能性が21%高い、という結論が得られます。総合健康リスクは1つの数値だけで各職場の健康リスクを比較できるため、集団分析を行う上で非常に有用な指標です。

量―コントロール判定図

「量―コントロール判定図」は、【仕事の量的負担】（横軸）と【仕事のコントロール】（縦軸）によってプロットされたもので、スウェーデンの心理学者のカラセックの提唱した「仕事要求度―コントロールモデル（Job Demands Control Model）」（44頁）に基づいています。このモデルは仕事の要求度（＝【仕事の量的負担】）と仕事の裁量度（＝【仕事のコントロール】）によって職場の状態を4つに分け、それぞれのカテゴリーごとにストレスの種類や仕事への取り組み方を比較したものです。

仕事の量的負担

「量―コントロール判定図」の1つ目の軸である【仕事の量的負担】の得点は、職業性ストレス簡易調査票（39頁参照）の以下の質問への回答から算出されます。

カラセックの「仕事要求度—コントロールモデル」

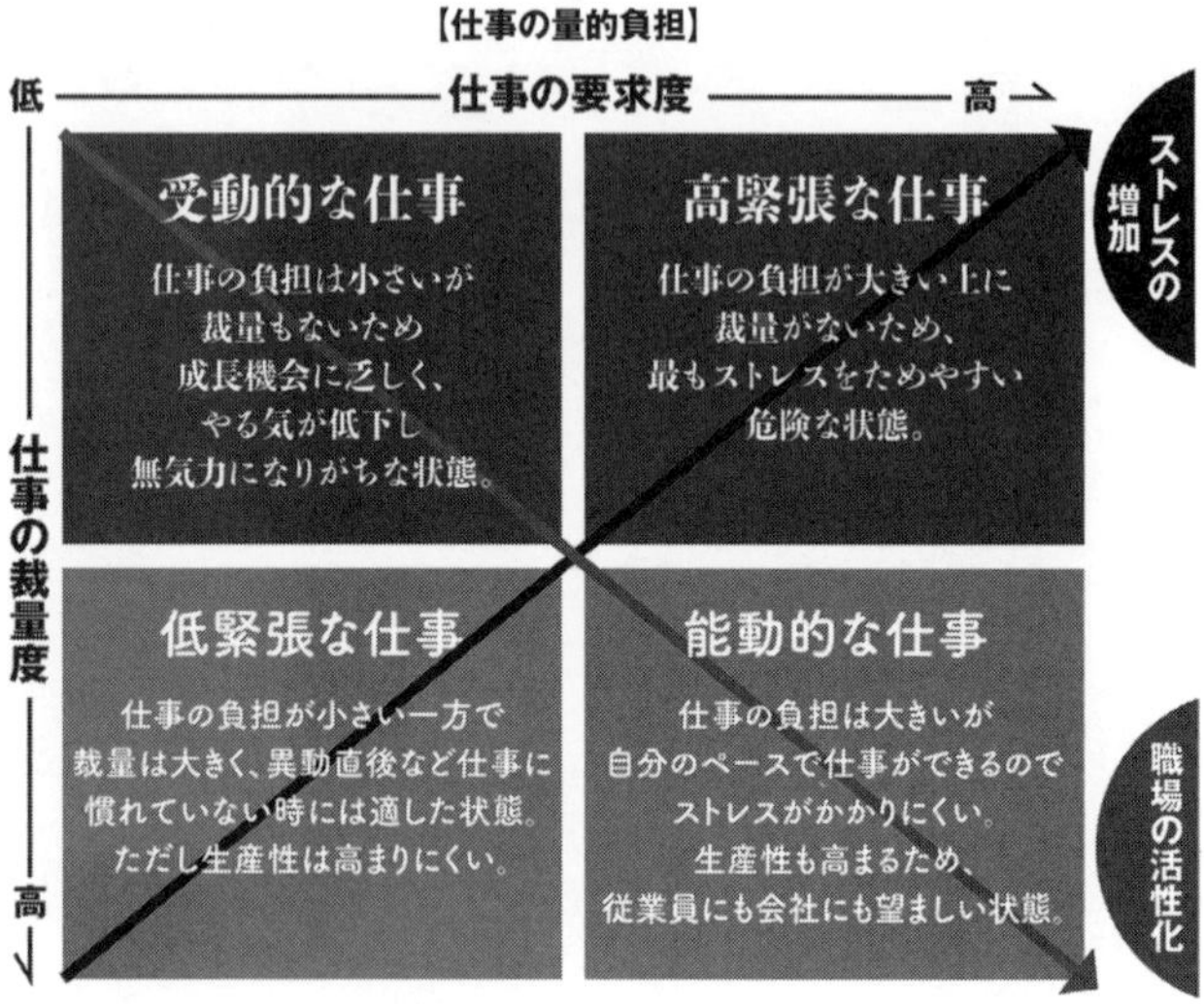
【仕事の量的負担】
低
仕事の要求度
高
【仕事のコントロール】
仕事の裁量度
高
受動的な仕事
仕事の負担は小さいが
裁量もないため
成長機会に乏しく、
やる気が低下し
無気力になりがちな状態。
高緊張な仕事
仕事の負担が大きい上に
裁量がないため、
最もストレスをためやすい
危険な状態。
低緊張な仕事
仕事の負担が小さい一方で
裁量は大きく、異動直後など仕事に
慣れていない時には適した状態。
ただし生産性は高まりにくい。
能動的な仕事
仕事の負担は大きいが
自分のペースで仕事ができるので
ストレスがかかりにくい。
生産性も高まるため、
従業員にも会社にも望ましい状態。
ストレスの増加
職場の活性化

A－1　非常にたくさんの仕事をしなければならない

A－2　時間内に仕事が処理しきれない

A－3　一生懸命働かなければならない

【仕事の量的負担】は、仕事の分量や長時間労働など、仕事のボリュームの大きさについての指標です。例えば長時間労働による労務負荷ストレスがかかると、交感神経の過活動やストレスホルモンの過剰分泌などを介して、血圧上昇をはじめとする身体の反応が起こり、脳・心臓疾患（くも膜下出血や脳梗塞、心筋梗塞など）が増加することが知られています。さらに身体の緊張状態や心身の疲労、睡眠不足などが、うつ病をはじめとした精神疾患の発症や経過にも悪影響を与えると推測されています。

実際に、法定外労働時間が月80～100時間を超えると、脳卒中や心筋梗塞、そしてうつ病などのメンタルヘルス不調の発症頻度が2～3倍まで高まることが様々な研究から明らかになっています。また、法定外労働時間が単月で月100時間以上、あるいは月80時間程度でも慢性的（2ヶ月平均または6ヶ月平均）に続いた従業員が心身の健康を崩した場合は労災になる可能性があり、労災認定基準にも挙げられています。

仕事のコントロール

もう1つの軸である【仕事のコントロール】とは、「仕事上の裁量権や自由度」のことを指します。【仕事のコントロール】の得点は、以下の質問への回答から算出されます。

A-8　自分のペースで仕事ができる
A-9　自分で仕事の順番・やり方を決めることができる

A−10　職場の仕事の方針に自分の意見を反映できる

【仕事のコントロール】とストレスはどのように関連するのでしょうか？一例として、次の2人の営業職のうち、ストレスが高くなりやすいのはどちらなのか考えてみましょう。

> Aさん：月100万円の売り上げ目標が課されていて、毎日会社から指定された営業先に指定された時間に行き、決められた内容の営業活動を行うよう命じられている。休憩時間も含め、勤怠について常に上司への報告が義務付けられている。
>
> Bさん：Aさん同様に月100万円の売り上げ目標があるが、顧客への訪問計画や営業活動のやり方については本人に任されている。結果は求められるが、勤務時間はある程度自由に決めることができる。

このように比較すると、多くの人は直感的に「Aさんの方がBさんよりストレスがたまりそうだ」と感じると思います。実際に、就労時間や勤務内容がほぼ同一であっても、「自分で決められること（裁量度＝【仕事のコントロール】）」が大きい方がストレスを感じにくいことが知られています。社長や取締役といった役職が高い人が、忙しい割にはメンタルヘルス不調になりにくいのも同じ理由と考えられます。

他にも、同じくらい残業していても、管理職と一般従業員では後者の方がストレスをためやすいと言われています。これは管理職が「業務目標を自分で決め、周囲に指示する立場」であるのに対し、一般従業員は「管理職に言われたことを実行する立場」になりがちだからです。こういった力関係は一般従業員に過剰なストレスを与えるだけではなく、ハラスメント問題などの温床になります。やはり【仕事のコントロール】の程度はメンタルヘルス不調の発症リスクと大きく関連するのです。

【仕事の量的負担】が高いにもかかわらず仕事をコントロールする十分な裁量が与えられていない状態は「高ストレイン群（high strain）」と呼ばれ、心身のストレス反応のリスクが高くなります。一方で、【仕事の量的負担】が高くても、仕事を自分でコントロールできる裁量が与えられていれば、生産性、職場での満足感ともに高まり、メンタルヘルス増進に寄与することもあります。

このため、集団分析の際には「【仕事の量的負担】が低い職場は良い環境である」と単純に考えるのではなく、他の指標も含めて総合的に職場の状況を確認することが大切です。

職場の支援判定図

「職場の支援判定図」は、職業性ストレスモデル（33頁図表）で言うところの「（職場の）緩衝要因」を示したものです。横軸に【上司の支援】、縦軸に【同僚の支援】を置いた、いわゆるラインケア（職場内のメンタルヘルスサポート）についてプロットしており、表の右上に行くほど望ましい傾向を示します。これらの得点は「上司と同僚に対してどのように感じているか」を確認する、職業性ストレス簡易調査票の以下の質問から算出されています。

C-1／2　次の人たちはどのくらい気軽に話ができますか？
C-4／5　あなたが困った時、次の人たちはどのくらい頼りになりますか？
C-7／8　あなたの個人的な問題を相談したら、次の人たちはどのくらいきいてくれますか？

（筆者注：「次の人たち」として、「上司」「職場の同僚」がそれぞれ示されている）

なお、これらの質問は最近注目されている「心理的安全性（psychological safety）」にも通じる内容です。心理的安全性は、「職場において他者の反応に怯えたり恥ずかしさを感じることなく、そのままの自分を伝えてもチームの一員として尊重される（と本人が確信する）環境や雰囲気のこと」を指します。近年米国のグーグルが行った大規模な社内調査により、心理的安全性が高いことがイノベーションを生み出し高い成果につながっていることが報告されています。職場のサポート因子を向上させることは、従業員の健康を守るだけではなく、職場の生産性向上にも役立つことを覚えておいてください。

上司の支援

【上司の支援】は、その名のとおりマネジメントの適否の指標です。この得点が低い場合は、「上司が忙しく指導できていない」「上司と部下で一緒に仕事を進める体制ができていない」といった、職場管理の問題がないか検討しましょう。また、「そもそも上司のマネジメント能力が低い」可能性もあります。もちろん相性の問題などで上司と部下があまり良い関係を築けないことはありますが、集団分析結果として現れている場合は、多くの人が同じように感じている証拠です。その場合はマネジメント研修などを通じたスキルアップの機会を作ったり、さらに上の上司から指導をしてもらうことも必要でしょう。

同僚の支援

【同僚の支援】は、いわゆる「職場の雰囲気」を反映します。この項目の得点が低い職場は、従業員同士の人間関係がギスギスしていたり、忙しすぎてお互いをサポートできていない可能性があります。また特定の社員との関係で、職場全体の雰囲気が悪くなっているケースも散見します。職場の実情を踏まえ、問題点を正確に把握することが大切です。

仕事のストレス判定図以外の情報の活用法

仕事のストレス判定図はとてもわかりやすく有用ですが、限界もあります。一番の問題は、判定図の作成に使用する４つの指標以外の情報が利用されていない点です。57項目の質問のうち、仕事のストレス判定図で用いられている質問項目はわずか12項目です。

職業性ストレス簡易調査票では、ストレス判定図で用いられた指標以外にも様々なデータが取得されています（38頁参照）。例えば［心理的な仕事の負担（質）］の得点を確認することは、

「管理職がマネジメントに対する負担を感じていないか」「適性に合った仕事を任せられているか」といった問題をより詳しく把握するきっかけになります。

ストレスによって起こる心身の反応も確認してみましょう。〔抑うつ感〕〔不安感〕の有無の確認も大切ですが、メンタルストレスが不眠や頭痛、腹部症状などの〔身体愁訴〕に出やすい人は、その症状がストレスによるものだと気がつくのが遅れがちです。また、例えば〔疲労感〕の得点が高い職場は、長時間労働やノルマのプレッシャーなどで多くの従業員が疲弊していることがうかがわれますし、〔職場の対人関係でのストレス〕や〔イライラ感〕の得点が高い場合は、人間関係の問題が背後にあることを疑う必要があります。

逆に〔技能の活用度〕〔仕事の適性度〕〔働きがい〕などの項目の得点が高めであれば、仕事のストレス判定図の結果が思わしくなくても、実際には前向きに仕事に取り組んでいる従業員が多い証拠かもしれません。

ここでは、ストレスチェックの高ストレス者判定で用いられるデータである「ストレスの原因と考えられる因子」（以下「ストレス要因」）と「ストレスによっておこる心身の反応」（以下「ストレス反応」）を縦軸と横軸に取り、2×2のマトリックスに分けて、各職場の傾向と対策を考えてみる手法をご紹介します。

「ストレス要因」と「ストレス反応」を用いたマトリックス分析

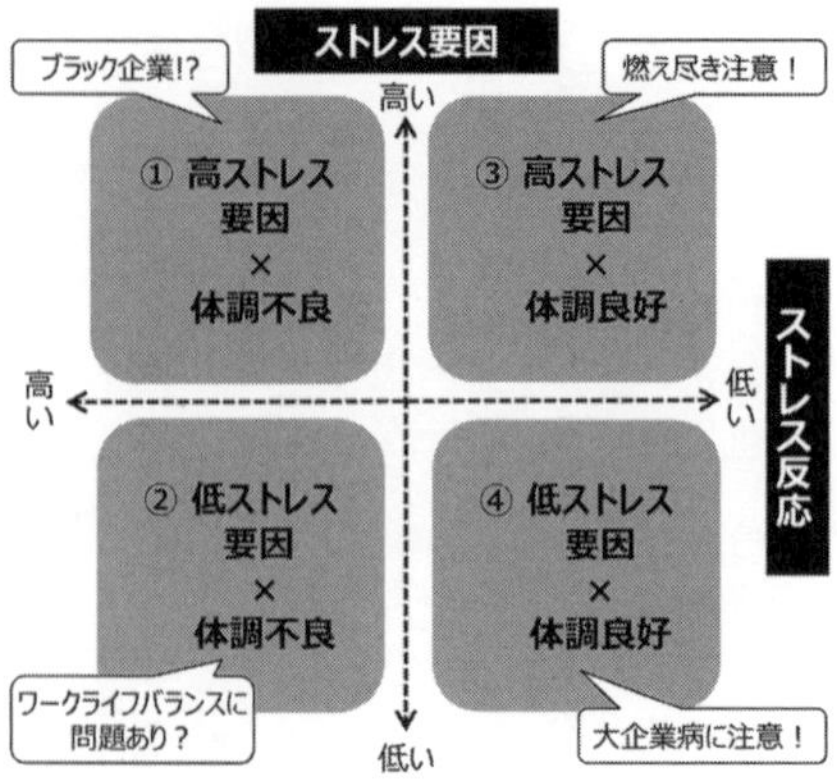

出典：株式会社アドバンテッジ リスク マネジメント作成資料を一部改変

① ストレス要因とストレス反応のいずれも高い場合

職場のストレスが高く、さらに体調不良を訴える従業員が多いという、集団分析結果としては、最も対応が必要な状態です。この結果から「会社のせいで従業員が体調を崩している」と安易に判断すべきではありませんが、その可能性も考えた対応が必要です。

例えば労働時間が長い会社を考えてみましょう。やる気にあふれて残業時間を全く気にしない従業員も一部にいるかもしれませんが、全体としては疲労が蓄積しやすく、職場環境が悪化しがちです。また最近ではインターネットを通じて他の会社の労働環境も比較的容易に調べられるため、「うちは残業が多いブラック企業ではないか」と考えてしまうと、会社への忠誠心やワーク・エンゲイジメントも大きく下がってしまいます。

また、他にも様々な原因が考えられます。例えば体育会系の会社ではノルマのプレッシャーや上司の厳しい言動でストレスを感じているのかもしれません。「業績不振で将来が心配」「経営者との距離があって考えていることがわからない」といった不安がストレスにつながるケースも考えられます。いずれにせよ自分の会社に当てはまる問題がないか考え、早急に対応を考える必要があります。

②　ストレス要因が低く、ストレス反応が高い場合

職場でのストレスが高くないにも関わらず、従業員の体調がイマイチである状態です。この結果の評価は2つ考えられますが、1つ目は体調不良の理由がプライベートのストレスにある場合です。

この点、プライベートの問題だからといって放置してよいわけではありません。なぜなら、全体としてこうした傾向が出ているということは、会社にワーク・ライフ・バランスを阻害する何らかの要因があるかもしれないからです。例えば、転勤が頻回で家族との接点が少ない、労働時間が長く家事や育児に取り組む時間が取れない、有給休暇を取りにくい雰囲気があるなど、職場の問題がプライベートのストレスに間接的に関わっていないかを考えるきっかけにするべきです。

2つ目は、従業員自身が職場の問題に気がついていない可能性です。明確な長時間労働やハラスメントがあるわけではないが、なんとなく職場の雰囲気が悪い、という状況を皆さんも経験したことがないでしょうか。例えば部下が困っているときに上司からのサポートがない、一人ひとりの仕事が独立しており、誰かが困った時に助け合う環境にない、など、一つひとつは小さな障害であっても、トータルで見ると働きにくい職場環境になっているのかもしれません。こういったケースでは、集団分析をきっかけに小さな職場改善を積み上げる姿勢を会社が見せることで、少しずつ職場の雰囲気を変えていく努力が必要です。

③ ストレス要因が高く、ストレス反応が低い場合

職場がバタバタしている割に、従業員が比較的元気な状態です。例えば急成長しているベンチャー企業などでは、職場でのストレスはいろいろあるものの、従業員自身が前向きに仕事に取り組み、自分の成長も実感できるため、心身に悪影響を及ぼさないことは珍しくありません。緊張感を持って仕事をしているが体調に悪影響をきたしていない、このような状態が最も生産性が高く望ましい傾向であるという見方もあるかもしれません。

ただ、これが継続できる状況なのかどうかは慎重に確認する必要があります。職場のストレスが高いのは事実ですので、「会社の成長が停滞した」「一緒に頑張っていた同僚が転職した」など、ちょっとしたきっかけでストレス反応が高まるリスクがあります。そうなると、いわゆる燃え尽き症候群のような形で、①のパターンに陥ってしまう可能性も懸念されます。

④　ストレス要因とストレス反応のいずれも低い場合

職場のストレスが少なく、体調も悪くない状況です。古くからある大企業など、経営が安定し福利厚生がしっかりした会社でよくみられるパターンです。もちろんストレスと不調が少ないことは良いことですが、必ずしも会社としては理想的な状態と言えないこともあります。なぜなら、仕事でストレスのない環境はやりがいのない環境にもつながりやすいことがあり、従業員の生産性が上がりにくいからです。その結果、企業の成長に停滞を招き、気が付いた時には経営が傾きストレスの高い状態に陥る可能性があります。

このように、一般的に利用される57項目の調査結果からだけでも、様々なデータを抽出することが可能です。但し、ストレスチェック専門の外部委託機関であっても、こういったデータの活用法を知らない担当者が多いことには注意が必要です。仮に知っていても、こういった詳細な分析まで対応してくれないケースが稀ではありません。その場合はストレスチェックに詳しい産業医の協力を仰いだり、ストレスチェックの個人情報を管理することが法律上許容されている実施事務従事者を社内に置くなど、社内の体制作りから始めるようにしましょう。

職業性ストレス簡易調査票以外を用いた集団分析

職業性ストレス簡易調査票の限界

厚生労働省推奨の職業性ストレス簡易調査票は、「解析ソフトが無料でダウンロードできる」「多くの会社が利用しており、職場改善活動に活用できる一定のエビデンスがある」などの利点があります。一方で、プライベートのストレス因子や、ストレス耐性など個人的要因の部分については質問項目がなく、従業員のストレス状況を十分に把握できるとは限りません。さらに職場改善活動を行う上で問題となるのは、本調査票は「心身の不調の有無を確認する」ための質問項目が大部分を占め、「職場でいきいきと働いているか」「上司や同僚を信頼しているか」など、ポジティブ指標を確認するための質問項目がほとんど含まれていない点です。

例えば、以下の2つの職場の違いを考えてみましょう。

A事業所：仕事はとても忙しく、個人の裁量も大きくありませんが、目標に向かって一丸となって頑張っています。ストレスはあるものの職場の雰囲気はよく、高い営業成績が出ています。

B事業所：客観的に見るとA事業所より業務量は少ないですが、従業員のやる気をうまく伸ばすことができず、業績が上がっていません。結果として従業員は前向きな気持ちになれず、仕事の負担を強く感じています。

いかがでしょうか？A事業所は忙しいながらもやる気にあふれた良い職場である一方、B事業所は従業員の能力を十分に引き出せていない問題職場と感じるのではないでしょうか。しかし職業性ストレス簡易調査票の57項目による集団分析では、いずれも「ストレスの高い職場」に分類され、A事業所とB事業所の違いを把握することができない可能性があります。なぜならば、職業性ストレス簡易調査票はストレス要因やストレス反応など、ネガティブな指標を中心に確認しているからです。

これに対し、最近では従業員の強みやパフォーマンス、生産性などのポジティブな要因にも注目する動きがあり、その流れで提唱されている一つの概念がワーク・エンゲイジメント（Work Engagement）です。

ワーク・エンゲイジメントとは

ワーク・エンゲイジメントとは「仕事に誇りややりがいを感じている」（熱意）、「仕事に熱心に取り組んでいる」（没頭）、「仕事から活力を得ていきいきとしている」（活力）の3つがそろった状態であり、燃え尽き症候群（バーンアウト）の対概念として位置付けられています。世代が上の人には、「愛社精神を持って前向きに働いている状態」という説明がわかりやすいかもしれません。ワーク・エンゲイジメントの高い組織では、従業員と会社がお互いの成長に貢献し合う関係を作りやすく、従業員の生産性やストレス耐性が高まります。一方でワーク・エンゲイジメントの低い組織は、従業員の会社に対する帰属意識が低くなりがちで、仕事に対して前向きになれなかったり、ちょっとしたトラブルでもストレスを強く感じてしまう傾向が生まれます。実際に、ワーク・エンゲイジメントの高い組織と低い組織では営業利益率や離職可能性が大きく異なる、といったデータも様々な研究機関等から公表されています。

そこで近年、本当に介入すべき問題を明らかにするために、一般的なストレスチェック項目に加えてワーク・エンゲイジメントに代表されるポジティブ指標を測るための質問を加え、集団分析で活用する企業が増えています。例えば厚生労働省の研究班が開発した、仕事の資源（成長の機会や技能が活用できる状況の有無）や労働者の仕事へのポジティブな関わりを測定し、「健康いきいき職場」を作ることを目標とした「新職業性ストレス簡易調査票」など、様々なツールが開発・利用されています。ここでは、日本最大手のストレスチェック受託機関である株式会社アドバンテッジ リスク マネジメント（以下「アドバンテッジ社」）のストレスチェックを例に挙げて、ワーク・エンゲイジメントに関連した質問項目を簡単に紹介します（ワーク・エンゲイジメント指標は使用する調査票によって異なります）。

ワーク・エンゲイジメントの質問項目例

職場のワーク・エンゲイジメントを詳細に検討する上で、重要な2つのキーワードは従業員の「自発的行動」と「ポジティブな感情」です。自発的行動とは、自ら求められる以上の仕事を行ったり、仕事に関する勉強や情報収集を行ったりするなど、仕事に対する前向きで積極的な行動を表します。ポジティブな感情とは、「仕事をすること自体が楽しい」、「仕事を通

ワーク・エンゲイジメントに関する質問項目（例）

自発的行動	・求められる以上の仕事を、自ら行っている ・仕事に関する勉強や情報収集を、自ら行っている
ポジティブな感情	・仕事をしていると、好奇心が満たされると感じる ・仕事をしていると、生き生きとしていると感じる

出典：株式会社アドバンテッジ リスク マネジメント作成資料を一部改変

じて好奇心が満たされる」などの、業務に対する肯定的な感情のことです。表に示したような質問項目を追加することで、各従業員のワーク・エンゲイジメントを数値化することが可能です。

また、実際に職場改善活動を行う上では、これらのワーク・エンゲイジメント指標に影響する因子も確認する必要があります。「自発的行動」と「ポジティブな感情」のベースとなっているのが、「仕事における自己認識（個人要因）」と「仕事における環境状況（環境要因）」です。

「仕事における自己認識」は、一言で言えば従業員本人の中から表出されるワーク・エンゲイジメントのことです。例えば、「慣れない営業職に異動になったが、自分なりに勉強することで、以前に比べて仕事の成功のイメージを持ちやすくなり、営業成績が向上した」といった経験があると、「仕事の見通し」などの指標の得点が上昇します。

一方で「仕事における環境状況」は、外部からの影響を受けやすいワーク・エンゲイジメントです。例えば、新しいプロジェクトを始める際に、上司が部下に対して目標や業務内容をしっかり伝えるととも

ワーク・エンゲイジメントを構成する因子（例）

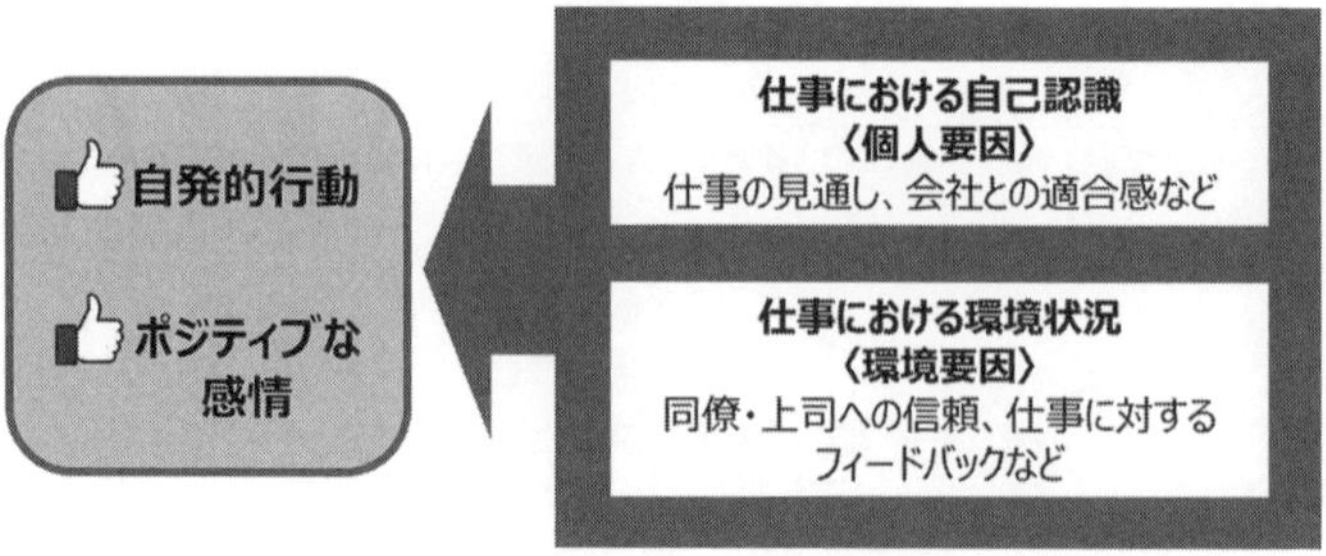

出典：株式会社アドバンテッジ リスク マネジメント作成資料を一部改変

に、部下の仕事に対し細やかなフィードバックを行い、成長を促すようにしたとしましょう。そうすると部下の［上司への信頼］、［仕事に対するフィードバック］などの指標の得点が高まることが期待できます。

着目すべきポイント

これらの指標の得点を算出したとして、実際の職場改善活動はどこから取り組めばよいのでしょうか。「仕事における自己認識」については本人の性格や努力の程度といった個人差の影響が大きいので、ワーク・エンゲイジメントの高い組織へと変貌させるためには、まず「仕事における環境状況」に着目することが有用です。上司は正しく指示を出せているか、仕事に対するフィードバックを効果的に行っているか、部下や同僚と信頼関係を築けているかなどをチェックし、課題を見つけて改善していくことからスタートしましょう。

例えば、〔仕事に対するフィードバック〕項目の得点が低い職場では、自分のアウトプットが適切か自信の持てない従業員が多い可能性があります。その場合は上司が部下に対して良かった点、改善すべき点を具体的に伝えることで、部下のモチベーションを高めることができます。

なお、「仕事における自己認識」と「仕事における環境状況」はリンクする部分が少なくありません。一例として、職場の仲間と協力しながら困難なプロジェクトを成し遂げることができれば、〔会社との適合感〕と〔同僚への信頼〕のいずれも高まるでしょう。ワーク・エンゲイジメントとストレス反応を組み合わせたマトリックス分析や、具体的な職場改善への活用法については、第3章で詳しく説明します。

(4) 厚生労働省「厚生労働省版ストレスチェック実施プログラム」ダウンロードサイト　https://stresscheck.mhlw.go.jp/

column 1

プレゼンティーズムとアブセンティーズム

ワーク・エンゲイジメントに関連する概念として、プレゼンティーズムとアブセンティーズムがあります。病気や体調不良などにより従業員が休職してしまったり、欠勤を繰り返すことをアブセンティーズムといいます。これに対し、プレゼンティーズムは、アブセンティーズムに「プレゼント（present）＝出勤している」を組み合わせて作られた造語であり、「体調などの問題により、出勤はしているものの仕事の能率が上がっていない状態」を指します。これまで企業の労務管理ではアブセンティーズムが重視されてきましたが、最近はプレゼンティーズムも、組織全体としての損失が非常に大きいことがわかってきました。

プレゼンティーズムの問題としては、花粉症による労働力損失などが知られていますが、問題が生じやすい疾病の一つがメンタルヘルス不調です。例えば、うつ病・躁うつ病の経済損失／疾病費用を計算した医療経済学的研究によれば、2008年のプレゼンティーズムによる経済損失は日本全体で1534億円と算出されています[(5)]。

皆さんの職場でも、「会社に出社はできているものの体調が悪く、仕事を十分に任せることができない」従業員がいませんか？ プレゼンティーズムは従業員の勤怠に問題がないので、アブセンティーズムと異なり明確な問題として認識しにくいのですが、例えば普通の従業員の半分程度しか業務ができていない人が2人いれば、それは1人分の欠勤が継続している状況とほとんど変わりません。それどころか、周囲の同僚のやる気を削いでしまうことで、職場全体の生産性低下にもつながる恐れがあります。

プレゼンティーズムの問題がある職場では、仕事のストレス判定図のうち「職場の支援判定図」やワーク・エンゲイジメントの指標に問題が見えてくることが少なくありません。集団分析は職場の環境改善を目的に実施するものですが、その先には従業員の健康増進と、それに伴う職場の生産性向上があります。集団分析を通じてプレゼンティーズムが隠れていないか確認し、早めの対応を検討する姿勢が大切です。

(5)　Yasuyuki Okumura and Teruhiko Higuchi, "Cost of depression among adults in Japan." Prim Care Companion CNS Disord 2011 13(3): PCC.10m01082
https://www.ncbi.nlm.nih.gov/pubmed/21977377

第3章

職場改善活動の進め方

自社の立ち位置を確認する

前章では集団分析の結果の読み方について説明しました。本章では、得られた結果をどのように分類し、実際の職場改善につなげるのか考えてみましょう。

集団分析結果が出たら、まずは「仕事のストレス判定図」で自社全体の結果を確認しましょう。ここで確認すべきは「会社全体の傾向（いわゆる社風）に問題がないか」という点です。普段自分の会社だけで仕事をしていると、意外なほど職場の問題に気が付きにくいものです。「毎日終電まで残業するのが当たり前の会社」「常に怒鳴り声が聞こえてくる職場」など、外から見れば明らかなブラック企業であっても、社内にいる従業員にとってはそれが当たり前で、問題に気が付いていない場合が少なくありません。他社との比較により、客観的な位置付けを確認することは職場改善の第一歩です。

ただし、厚生労働省の提供するシステムでは、残念ながら業種別の平均値などについて詳しい比較はできません。多くの会社からストレスチェックを受託している外部機関では、業種別の平均値についても確認できる場合がありますが、調査対象となった会社の規模や業務内容によってストレス状況は大きく異なるため、あくまで参考資料として考えてください。

通常、会社全体の集団分析結果は尖った傾向が出にくく（＝外れ値になりにくい）、仕事のストレス判定図で見ると一般企業の平均値に近い結果が出ることが多いものです。それにもかかわらず極端に悪い値が出たときは、以下のような点を修正できないか考えてみましょう。

【仕事の量的負担】に問題がある場合

慢性的な人員不足や業務効率の問題で、全体に疲弊感が強くなっている可能性があります。惰性で不要な業務や会議を続けていないか、効率改善できるところがないか、人員は足りているかなどを確認してみましょう。長時間労働を減らすことは簡単ではありませんが、過労死など大きなトラブルが起きてから対処するのでは手遅れです。また労働時間が長くなると集中力が低下し、かえって労働生産性が低下することが知られています。

まずは次のような方法で、会社全体の残業時間削減に取り組んでみましょう。なお、高血圧などの生活習慣病やメンタルヘルス不調を抱えている従業員は、長時間労働に伴う体調悪化リスクが一般の従業員よりも高いため、より慎重に労働時間管理を行うようにしてください。

〈労働時間削減に向けた施策の例〉

- 会社として残業削減目標を明示する
- 管理職も含め、パソコンのログやタイムカードなど、自己申告以外の方法で正確な残業時間を把握して業務量の調整を行う
- 管理職が率先して早めに帰り、部下の帰宅も促す
- 職場内でお互いに残業をしないよう声かけを行う
- 週休2日を確保し、積極的に有給休暇も取得するよう、職場全体で意識を共有する
- 残業は夜ではなく朝にする方向に誘導する
- ノー残業デーを作る
- 残業を事前申請制にして、必要業務以外での在社を禁止する
- 遅い時間帯に会議を設定しない
- 遅い時間には照明を消し、仕事のできない環境を作る
- 夜勤者に対しては勤務間インターバル制度を導入する
- 無駄な会議や資料作成を減らす
- 仕事が一部の人に偏っていないか確認し、適切な人員配置を行う

・労働時間ではなく業務成果を人事評価の指標にする
・衛生委員会で残業削減の取り組みの内容を周知する

【仕事のコントロール】に問題がある場合

まず「マネジメントの問題」と「構造的要因」のいずれが影響しているかについて考えてみるのが有用です。【仕事のコントロール】に問題が生じる典型例は、「トップダウンの社風で、部下の意見が仕事に反映されない」といったマネジメントの問題です。自分で仕事の目標や手順を決められる裁量がないと、やらされ感が強くなり自己コントロール感が低下します。

一方、上司のマネジメント能力とは関係なく構造的要因で自己コントロール感が落ちている可能性もあります。例えば工事の下請け、システム受注、コールセンター業務などは、自分で業務内容や進め方を決めることができないため、仕事に振り回されている感覚が強くなり自己コントロール感が低くなりがちです。また業務量が多すぎる職場では、毎日やるべき仕事が山積みになっていて、上司の考え方にかかわらず十分なマネジメントをする余裕がないケースもあります。

いずれの場合でも、自己コントロール感の低さはメンタルヘルス不調のみならず生産性の低下にもつながるため、早急な対処が必要です。過大な業務負担や構造的要因の解決は経営レベルの検討事項になりますが、まずは職場でできるマネジメントの工夫から始めてみましょう。

〈部下の自己コントロール感を高めるためのマネジメント例〉

- 達成可能な小目標を設定することで成功体験を持たせる
- 部下に裁量を持たせ、細かい点については逐一指導しない
- 適切な目標設定は上司が担当する一方、達成するための手段は部下に考えてもらう
- 何か指示をする際にも複数のオプションを提示し、部下に選んでもらうようにする
- 定期的に部下の意見を聞く機会を作る

〈構造的要因を改善するための方法〉

- 管理職がマネジメントに専念できるよう、必要な人員を配置する
- 管理職には職位に合った裁量を持たせる（トップダウンで全てを決めない）
- 過大な要求や暴言をする顧客（カスタマーハラスメント）から従業員を守る仕組みを作る
- ストレスが強い部署・個人がいないか確認し、業務負担の平坦化を図る

「支援」の強化が必要な場合

労働時間の削減や仕事の裁量を与えることでストレスを減らせることがわかっていても、繁忙期には残業が発生してしまうこともあるでしょうし、仕事に慣れていない新入社員に最初から自由に仕事をさせるわけにもいきません。そんな時に重要になるのが支援の強化であり、キーワードとなるのは「社会的承認感を高める対応」です。

実は、仕事によって得られる収入や待遇と本人のやりがい（≒社会的承認感）の間には、あまり相関がないことが知られています。つまり、給与を上げても社会的承認感はほとんど高まりません。それよりも、「自分は理解されている」「困ったときは支援を受けることができる」という実感の方が社会的承認感を高め、労働生産性を高めることに通じます。周囲からの承認により仕事にやりがいを見いだし、積極的に業務に参加していくことができれば、少々忙しい職場であっても従業員がメンタルヘルス不調をきたしにくくなりますし、体調などの問題をより相談しやすくなる（職場の風通しが良くなる）効果も期待できます。小さな職場環境改善の積み重ねが、給与アップなどの褒賞よりも、最終的には好ましい結果につながることを理解してください。

〈社会的承認感を高めるための方法〉

- 何か相談を受けた際には最初から批判やアドバイスをせず、まず本人の意見や不安を十分に聞いてみる（支持的傾聴）
- 「あなたの仕事ぶりを認めています」「あなたがいてくれて嬉しいと思っています」「本当に辛かったですね」「あなたの気持ちは十分に理解できます」といった受容・共感するメッセージを送る
- 仕事の目標や手順がわからず困っている部下や同僚を積極的にサポートする
- 成功したときはみんなで喜び合い、失敗したときは「成功のもと」として前向きに評価する仕組みを作る

column 2
職場のハラスメント問題

支援強化の対極にあるのがハラスメントです。ハラスメントとは「嫌がらせ・いじめ」のことで、特に職場で問題になりやすい類型として、セクシュアルハラスメント（セクハラ）とパワーハラスメント（パワハラ）があります。

セクハラは、一言で言えば「性的な嫌がらせ行為」のことであり、「男性上司が女性従業員の体を触ろうとしたが抵抗されたため、その従業員に不利益な配置転換をした」とか「事務所で性的な冗談やからかいが日常的に口にされるため、従業員が苦痛に感じて業務に専念できない」という事例が該当します。なお、セクハラに似た問題として「女性だけにお茶汲みをさせる」など性差別的な取り扱いをすることはジェンダーハラスメントと呼びます。

一方、パワハラは、「職務上の地位や人間関係等の職場内の優位性を背景にした嫌がらせ行為」のことであり、上司が人前で「お前は本当に役立たずだ」など部下の人格を否定する発言をする、無視や仲間はずれといった行為や、相手に過大な仕事を命じたり、あるいは合理性なく仕事を与えない行為などが該当します。なお、「上司が部下の携帯電話を勝手にのぞく」など、私的なことに過度に立ち入る行為もパワハラとみなされます。

ハラスメントは「当該行為により、平均的な労働者がどのように感じるか」が判断基準となります。あくまで「平均的な感覚」が判断基準であり、基本的には行為者の主観は関係ないので、「ハラスメントをする意図はなかった」という言い訳は通用しない点に注意してください。

会社には労働者の生命および健康を危険から保護するように配慮する義務（安全配慮義務）、そしてパワハラ防止措置を講じる義務（2020年より段階施行）があるため、ハラスメントを放置した場合には会社が責任追及される可能性があります。近年上司のパワハラが原因の精神疾患を理由とする労災請求が急増していることからも、ハラスメントが個人の問題として放置できるものではないことが理解できると思います。

さらにハラスメント問題は周囲にもすぐに伝わるため、従業員の信頼低下や意欲低下など、就業環境の悪化を容易に招き、労働生産性の大幅な低下につながります。他にも問題が公になり「ブラック企業」といったレッテルを貼られることで会社のイメージが損なわれるなど、ハラスメントは会社に対して様々な悪影響を与えます。

ハラスメントのない職場環境作りには、長時間労働の問題と同様に、経営者が「どのような理由があってもハラスメントは許容しない」という強いメッセージを出すことが必要です。その上で管理職研修やハラスメント防止指針の策定などを通じて従業員のハラスメント問題に対する理解を深めるようにしてください。

従業員の属性による違いを把握する

次に把握すべきは従業員属性に分けた分析です。様々な属性に分けて比較することで、その分多くの示唆が得られます。一般的に行われる分類方法とその解釈について、以下で確認してみましょう。

性別で分ける

男性と女性でストレス状況が大きく異なることは少なくありません。１９８６年に男女雇用機会均等法が施行されてから30年以上たち、現在では男女ともに働くのが当たり前ですが、いまだに多くの会社では男性の方が多く、女性が少数派ではないでしょうか。２０１６年には女性活躍推進法が施行され事業主に対して行動計画の策定が義務付けられましたが、こういった法律が必要なこと自体、男性目線では気が付きにくい女性の働きにくさが今も残っている証拠と言えるでしょう。例えば、女性の方が男性に比べストレス要因の得点が高い結果が得られた場合は、以下のような要因が隠れていないか調べてみましょう。

〈女性ならではのストレス要因〉

- セクシャルハラスメント、ジェンダーハラスメントが横行している
- 女性管理職が少なく、将来のキャリアパスが見えない
- 生理休暇の利用困難、女性のトイレ不足などの働きにくさを抱えている
- 出産・育児に関する制度が不十分だったり、活用できない雰囲気がある

こういったジェンダーの違いによるストレス要因は年齢層によっても大きく異なるため、次に示す年代別データも併せて確認することで、より詳細な解析につなげることが大切です。

一方、男性の方も「男だから頑張れ」「女性よりも働くのが当たり前」といった時代錯誤のプレッシャーに苦しんでいる人は少なくありません。例えば、「男性は女性より多くの仕事や残業をするのが当たり前」という価値観を持っている管理職の部下は、女性より男性の方が〔上司の支援〕項目の得点が低くなりがちです。一方で管理職が「女性部下の出した成果をきちんと評価しない」という態度をとっていると、その逆の結果になるでしょう。いずれもジェンダーハラスメントになり得る問題であり、〔上司の支援〕関連項目の得点に男女で極端な違

いがあった場合には、管理職が無意識のうちにバイアス（認知のゆがみ）を持っている可能性があるので注意しましょう。

〈ジェンダーに関する問題を改善するための方法〉

- セクシュアル／ジェンダーハラスメント防止の指針を策定し、従業員に周知徹底する
- 「えるぼし」「くるみん」認定の取得、イクボス宣言など、国の取り組みに参加する
- 育休や産休の取得率を向上させる（男性も取得しやすいように工夫する）
- アンケート調査やワーキンググループなどで職場の問題点を把握し改善する
- 女性管理職の人数目標値を定める
- 併せて、子供のいない従業員などが過度な負担を負わない制度設計も検討する

年代別に分ける

年代別や入社年次別に分けることも、集団分析結果を職場改善活動に活用する上では非常に有用です。ここでは年代別に分けて、集団分析結果の評価や活用法について考えてみましょう。

20代

新入社員や入社数年の若手が入る年齢層です。例えば若手の離職率が高い会社では、この層のストレス度を詳しく確認する必要があるでしょう。最近の若手従業員は仕事だけではなくプライベートも充実させるのが当たり前であり、管理職から見ればたいしたことがないと感じる程度の残業でも強い負担と感じる場合があります（彼らはバブル景気の頃の「24時間働けますか？」といったキャッチフレーズはもちろん知りません！）。

またコミュニケーション手段が「飲み会などで愚痴を言い合う」といった直接的なものからメールやSNS中心の間接的なものに変化しており、古い雰囲気の会社だと、職場に馴染めない、取引先と良い関係を築けないなど、人間関係の問題を抱えてしまう場合もあります。

さらにはインターネットを通じて簡単に他社の情報収集ができるため、やりがいやモチベーションを見失ってしまうとすぐに転職を考えるのも、この世代の特徴といえます。実際、これだけ働き方改革が進んでいるにもかかわらず、新入社員の離職率（3年間で約3割）はここしばらく大きな変化がありません。

こういった状況に対し、「今の若手はけしからん」と嘆いても解決にはつながりません。20代の従業員が会社のどこに強いストレスを感じているのか、集団分析結果を精査した上で、管理する側も一定程度は若手に合わせる意識が必要です。

〈20代のストレス改善に向けた工夫〉

- 労働時間管理をしっかり行い、不要な残業はさせない
- ハラスメントと誤解されないように指導方法を工夫する
- 担当している仕事の目標や社会的意義について詳しく説明する
- メンターをつけるなどサポート体制を強化する
- 飲み会などへの参加を強要せず、プライベートを尊重する

30～40代

この年齢層は、いわゆる中間管理職世代です。管理職でなくても、ある程度は仕事を1人で回せるようになり、仕事のストレスの大きな部分を占める自己コントロール感については、問題が生じにくい年代と言えます。一方で、育児や介護などのプライベートの負担が生じやすい時期でもあり、例えば管理職への昇進と育児の負担が重なったせいで、特に悪いことがあったわけではないにもかかわらずメンタルヘルス不調を発症してしまう人もいます。

また、業務遂行能力と管理能力は異なるため、管理職になった途端仕事をうまく回せなく

なり、ギャップに悩むケースもあります。さらには、一般従業員に三六協定などの労務規則を遵守した働き方を求めるあまり、管理職が深夜残業や持ち帰り残業をしている、という会社も少なくないでしょう。

この世代は一人ひとりのストレス状況の個人差が大きくなりやすいので、集団分析で「仕事の量的負担や疲労に関する得点が高めで、全体的に疲れがたまっているようだ」「上司や同僚からのサポート得点が低く、孤立していると感じている人が多いのかもしれない」といった大まかな傾向を確認しつつも、個々人に対するアプローチの要否を検討することが大切です。

〈30～40代のストレス改善に向けた工夫〉

- サービス残業など、労務管理の不備がないか確認する
- マネジメント能力向上のために研修を実施する
- 子育てや介護での有給休暇や特別休暇の取得に協力する
- ＥＡＰ（従業員支援プログラム）による電話カウンセリングサービスなど、管理職も利用しやすいサポートを充実させる

50～60代

高齢の従業員はメンタルヘルス不調になりにくい、と言われてきましたが、最近は産業医として相談を受けることが少なくありません。特に多い相談内容は以下の2つです。

1つ目は、仕事の変化です。多くの会社では50代で役職定年を迎え、仕事の内容や立ち位置が大きく変わります。それまでは多くの部下を抱えてマネジメントしていた管理職が、肩書きがなくなったことで大きくモチベーションを落としたり、周囲との力関係の変化に悩むことは珍しくありません。さらに60代では定年再雇用のタイミングで業務内容や職場が再度変わり、多くの場合では収入もかなり下がります。その頃には会社から離れる時期も徐々に見えてきて、将来の生活への不安から体調を崩す人もいます。

2つ目は、脳卒中や心臓病、がんなどの健康問題です。例えば、65歳までに日本人の6人に1人はがんになると言われますが、その多くが高齢従業員です。大きな病気になると、「このまま死んでしまうのではないか」「仕事が続けられなくなるのではないか」といった不安が高まり、メンタルヘルス不調になるリスクも上がります。今後就労人口が減少しつつある中で、いかにして高齢従業員の心身の健康ややる気を維持・増進するかが会社の競争力を左右することになるでしょう。

〈50～60代のストレス改善に向けた工夫〉

- 役職定年や再雇用後もモチベーションを保てるよう、仕事の内容や待遇を工夫する
- 退職後の経済的不安を軽減するため、ファイナンスセミナーを実施する
- 人間ドック受診補助を拡充し、大きな病気を未然に防止する
- 病気になった人が安心して治療しながら就労を続けられるように両立支援の取り組みを進める

雇用形態別に分ける

もし様々な雇用形態の従業員がいるなら、個別に分けてみるのも一案です。例えば正社員、契約社員、派遣社員などに分けてみましょう（派遣社員については派遣元がストレスチェックの実施義務を負っていますが、集団分析活用のため派遣先でもストレスチェックを行うことが厚生労働省から推奨されています）。従業員の仕事の内容がほとんど同じような会社では、正社員よりも条件の悪い契約社員や派遣社員の不満が高まっている可能性があります。「正社員の満足度ばかり考えていたせいで非正規雇用の従業員の不満が高まり、結局職場

全体の雰囲気が悪くなる」といった話は、どの会社でも珍しくありません。法律上も非正規社員の不利益取り扱いが禁止されたことを念頭に、社内に問題が隠れていないか確認してみましょう。

なお、同じ正社員でも、基幹業務に従事する総合職の方が補助的な業務を行う一般職よりも仕事のプレッシャーが大きく、ストレス度が高いかもしれません。会社の状況に合わせ、様々な切り分けを考えてみてください。

〈雇用形態別に見た職場改善の工夫〉

- 契約内容と実際の業務の責任や負担が釣り合っているか確認する
- 手当や補助について、一部の従業員を不利に取り扱っていないか確認する
- 契約体系と業務範囲を明確にして、一部の従業員にしわ寄せがこないようにする

部署や事業所による違いを確認する

前述した従業員個人の属性だけではなく、部署や事業所別の分析も重要です。例えば製造業の会社では、工場と本社オフィスでは業務内容が全く違いますし、置かれているストレス状況も異なります。以下では職種や事業所別に分けて、注意すべきポイントを解説します。

営業部門

外回りの多い営業職は、労務管理が難しい仕事の一つです。仕事とプライベートの境目が曖昧になりやすく、週末にも電話やメールの対応をしたり、持ち帰り残業をするなど、十分な休養が取れていない可能性があります。また、そもそもコミュニケーションが苦手な人にとってはストレスがかかりやすい職種である上、会社と取引先の間で板挟みになる、高いノルマのプレッシャーにさらされるといった問題もよくあります。

〈営業部門のストレス改善に向けた工夫〉

- 労働時間の把握方法を見直し、長時間残業をさせないようにする
- 持ち回りで担当者を決めるなどの方法で、完全に仕事から離れられる休日を確保する
- 顧客から理不尽な扱い（カスタマーハラスメント）を受けていないか確認する
- 過度なノルマを強制しない

間接部門

間接部門は業務量が比較的安定していることが多く、終日同じオフィスにいるため労務管理も容易です。メンタルヘルス不調者の異動先として選ぶ会社も少なくないでしょう。しかし、同じ職場で毎日顔を合わせる分、一度人間関係のトラブルが生じると簡単には解消できません。またクライアントからの距離が一番遠いため、自分の仕事がどのように役に立っているのかわからなくなり、モチベーションを失う従業員もいます。四半期決算や株主総会などのタイミングで、極端に多忙になる部署や従業員がいないか、という点も要チェックです。

実は社内の間接的な業務は、営業職と同様に個々人の適性の違いが大きく出やすい業務です。集団分析結果に問題があった場合は、職場の風通しを良くするとともに、適正配置がで

きているか確認する必要があるでしょう。

〈間接部門のストレス改善に向けた工夫〉

・仲が悪い従業員同士の関わりを減らすなど、人間関係に配慮する
・定期的に席を変えたりフリーアドレスを導入するなど、職場の風通しを良くする
・仕事の意義ややりがいを積極的に発信する
・特定の従業員に過度な負担がかからないようにする

地方事業所

筆者の産業医としての経験で言えば、地方の小事業所は最も注意しなくてはならない部署の一つです。異動の少ない会社では10年以上同じメンバーでずっと働いていることも稀ではなく、一度人間関係のトラブルが生じると解決は容易ではありません。また本社のようにしっかりした労務管理ができず、メンタルヘルス不調がひどくなって休職に至ってから明らかになるケースもあります。さらに休職者の復職対応でも、異動などの環境調整がしにくい点がハードルになることがあります。

〈地方事業所のストレス改善に向けた工夫〉

- 部下への指導法やコミュニケーションスキルを学んでもらうため、所長などの管理職にマネジメント研修を実施する
- 定期的に本社の人事担当者が訪問してマネジメントのサポートを行う
- 事業所全体の人員配置や業務量に問題がないか確認する
- EAPによる電話カウンセリングなど、外部のサポート資源の活用を促す
- 事業所内での解決が難しい場合は、関係者の意向も確認の上で異動なども検討する

工場や工事現場

工場や工事現場は比較的定型的な仕事が多く、業務内容自体のストレスは大きくないことが多いです。ただ、時期によって繁閑の差が大きく、忙しいときには極端な長時間労働になることもあるため、労務管理には注意が必要です。また夜間の仕事は睡眠リズムを崩し、健康リスクにつながることが知られているため、残業だけではなく業務時間帯も確認しましょう。

また、管理職が労務管理に興味を持たずにいる現場は少なくなく、新入社員に対する厳し

い指導が日常的に行われていたり、毎晩のように酒を強要するなど、パワハラの温床になる可能性があります。さらに別の問題として、従業員がメンタルヘルス不調をきたした場合、労災事故・交通事故が起こりやすくなる点にも留意する必要があります。

ただ、職場改善活動を行う上でのメリットとしては、工場や工事現場の従業員は労災事故防止の安全対策に熱心な人が多い、という特徴があります。衛生管理についてもしっかりルールを決めて周知すれば、意外なほど環境改善が進むことが期待できます。

〈工場や工事現場のストレス改善に向けた工夫〉

- 昔ながらの乱暴な指導法が続いていないかチェックする
- ハラスメント研修などを通じて管理者の意識を高める
- 夜間作業などの健康リスクが高い仕事が長期間続かないように配慮する
- 職場改善活動の内容をわかりやすく伝える（更衣室へのポスター掲示など）

接客業務を行う部門・事業所

対人対応は最もストレスがかかりやすい業務の一つであり、「感情労働」とも呼ばれます。

コンビニの店員といった店舗での接客はもちろん、コールセンター担当者や介護施設での介護職、病院での看護業務など、様々な業種が含まれます。人との関わりが多い点は営業職も同じですが、接客業務では自分の意見を相手に伝えるのが難しく、クレーマー対応などで心が擦り減る人が少なからずいます。また、外部の人たちと接する時間が長いため、上司などの職場のリソースから十分なサポートを得られにくい点も問題です。一般的にこれらの業務では離職率が高いため、長く働いてもらい会社全体の生産性を向上させるためにも、積極的にストレス軽減対策を取ることが重要です。

〈接客担当者のストレス改善に向けた工夫〉

- 定期的に上司と相談できる機会を設ける
- 職場の問題について従業員の意見を吸い上げる仕組みを作る
- 社内カウンセラーを置くなど、負の感情を吐き出してもらう場やきっかけを作る
- 接客技術を評価する仕組みを作り、成績優秀者を表彰する
- 休憩室など、業務から離れて気持ちを落ち着かせることができる場所・時間を作る

システムエンジニアなどの客先常駐業務

ＩＴ系の企業では、エンジニアの従業員の多くが顧客先に常駐し、システム対応をしていることが少なくありません。１人もしくは少人数のチームで、顧客に囲まれて仕事をすることが大きなストレスになることは言うまでもないでしょう。また、顧客の要望を断りきれず、長時間労働や無謀な目標設定を強いられるケースも少なからず見聞きします。目が届きにくいからといってカスタマーハラスメントのような問題を放置すると、従業員の健康を害するだけではなく、顧客との関係にも悪影響を与えてしまう場合があります。

〈客先常駐業務のストレス改善に向けた工夫〉

・常駐先の労働環境について定期的に確認する
・不適切な就労状況があった場合には、速やかに顧客に連絡し対応を検討する
・常駐業務者と、上司や同僚など社内のサポーターとの接点を増やす
・自社内でもできる業務は、常駐先に行かずに対応する

過去データとの変化を確認する

集団分析を活用した職場改善活動は、毎年過去のデータとの突き合わせを行い、ＰＤＣＡサイクルを回すことが大切です。

ＰＤＣＡサイクルとは、Plan（計画）→Do（実行）→Check（評価）→Action（改善）の４段階を繰り返すことで業務を継続的に改善する手法です。

職場改善のＰＤＣＡサイクル

例えば、「ある年の集団分析結果で全社的に〔上司の支援〕の得点が低かったため、指導能力改善のための管理職研修を実施した」ケースを考えてみましょう。これは「〔上司の支援〕得点の低さは、部下を指導する能力の不足が原因であり、研修を実施することで改善し得る」という、集団分析結果の解釈から得られた仮説（Plan）を前提に、実際に管理職研修を実施した（Do）ことになります。

ただ、もしかすると仮説が間違えており、「〔上司の支援〕得点の低さは、職場全体が忙しくて上司が部下に目をかける時間が足りないことが原因である」可能性もあります。その場合は、管理職研修を実施しても忙しさが変わらなければ職場改善につながらないでしょう。

それを確認するためには、時系列の変化を評価（Check）する必要があります。仮に翌年の集団分析で〔上司の支援〕の得点に改善が見られなければ、適切な改善計画ではなかったと考えて「管理職をサポートする人員を配置する」といった形で対策を改善（Action）し、また翌年の分析につなげることを繰り返します。

職場の環境変化があった場合の対応

職場改善活動中に管理職の異動や業務の変更といった職場環境の大きな変化があった場合は、単純に集団分析結果の前後比較をするのではなく、ＰＤＣＡサイクルに職場の環境変化を組み入れる必要があります。

例えば、「2つの部署が統合した前後で、職場の従業員のストレス要因が大きく悪化した」ケースを考えてみましょう。この場合は、以下のようにいくつかの解釈が考えられます。

- マネジメント能力の不足した管理職が部長になった
- 部署の規模が大きくなりすぎて、マネジメントが十分機能しなくなった
- 業務の種類が増えて従業員の負担が増した
- 知らない人が増えて職場の支援体制が働きにくくなった

最初はいずれが正解かわからなくても、「マネジメント改善施策を考える」「従業員が仲良くなるイベントを企画する」などの対策を行い、ＰＤＣＡサイクルを回すことで、効率的な職場改善活動につなげることが可能になります。毎年、集団分析と職場改善の取り組みを一連の流れとして継続することを通じ、自社に合った対策を見つけていく心構えが大切です。

〈ストレスチェックデータの変化と職場改善活動例〉

変化：【仕事の量的負担】の指標が悪化した

職場の状況と職場改善活動：

- 退職者が出た　↓派遣社員の増員を検討するなど人員配置を見直す
- 新規業務がうまく回せていない　↓他部署にノウハウを持つ社員がいないか確認する
- 残業削減の取り組みで業務時間内の負荷が増えた　↓会議を減らすなど業務の効率化を目指す

高ストレス者と集団分析

利用する調査票や会社の状況にもよりますが、ストレスチェックでは概ね1割前後が高ストレス者に分類されることが多いとされています。この高ストレス者の人数や割合も、集団分析を行う上で有用な情報になります。例えば部署別の高ストレス者割合を出してみましょう。高ストレス者はストレス要因と周囲のサポートおよびストレス反応の値から算出されるため、多くの場合は「ストレス度の高い職場＝高ストレス者の多い職場」となります。

例えば、次のように言われた場合、どちらの方が管理職は危機感を持つでしょうか。

① 「あなたの職場はストレス度が高く出ました」

② 「あなたの職場には高ストレス者が○％（あるいは○人）いました」

②の方がイメージがわきやすく、管理職の積極的な対応が期待できるのではないでしょうか。もちろん高ストレス者が特定できないように慎重な配慮が必要ですが、情報をうまく伝えることにより管理職の職場改善へのやる気を促すことも大切です。

これに対し、「ある職場では高ストレス者の割合が高いのに、全体のストレス得点は高くない」という結果だった場合は、どのように評価できるでしょうか。これはストレスが一部の従業員に偏っていることを示唆する結果です。そのような場合は、職場全体としては雰囲気が良くても、一部に仕事の偏りや人間関係の問題を抱えた従業員がいる可能性があることを念頭に、職場改善活動を進めることが重要になります。

〈高ストレス者割合が高い場合の対応〉

- 経営者や管理職に情報共有することで、職場改善活動の必要性を認識してもらう
- 仕事のストレス判定図と併せて確認することで、職場の問題点を正確に把握する（例：〔上司の支援〕得点が低い一方、高ストレス者が多いことから、早急にマネジメント対策を実施する必要があると判断する）
- 産業医や実施事務従事者といった個人情報を確認できるスタッフが、面接を促すなどの個別の対応を実施する

自社の保有する従業員の健康関連情報を活用する

集団分析はあくまで従業員個々人がストレスを自己申告したデータであり、これだけで客観的な職場の問題点を明らかにすることは難しいのが実情です。これに対し、会社が有する集団分析以外の健康関連情報を併せて解析をすることで、より客観的な指標に基づいた対策が可能になります。ここでは労働時間や健診結果を用いた解析について紹介しましょう。

集団分析と労働時間

まずは部署ごとの平均残業時間と、〔仕事の量的負担〕関連項目の得点の相関を調べる、といった方法が考えられます。本来であれば、残業が多いほど仕事量も多いはずですので、残業時間と得点との間には正の相関が見られるはずです。そうであれば、職場改善には労働時間の長い部署の残業削減対策が重要となります。

一方で、想定した結果からズレが生じていた場合は、以下のような解釈と職場改善活動が考えられます。

残業時間が少ない一方で量的負担得点が高い場合

職場のまとまりが悪かったり、仕事に前向きになれないと、本当はそれほど忙しくないにもかかわらず負担を感じやすくなります。また残業削減に取り組んでいる職場では、勤務時間内の作業密度が増えて集中して効率的に仕事をこなさなければならなくなる分、こういった結果になりやすい傾向があります。

残業削減自体は望ましいことですが、度が過ぎると自己コントロール感が低下し、かえって従業員の健康を害してしまうので、適度な休憩を奨励するなどの職場改善活動も併せて行ってください。

残業時間が多いが量的負担得点が低い場合

残業が多い割に、従業員が負担を感じていない状態です。やりがいのある仕事だったり、職場の雰囲気が良好なため、負担感が軽減されているのかもしれません。一方で十分な成果が上がっていない場合は、単に仕事の能率が悪い「ダラダラ残業職場」の可能性もあります。後者であれば、生産性向上のために残業削減対策を進めるなどの職場改善活動が必要でしょう。

集団分析と健診結果

同じように、今度は集団分析結果と健診結果について考察してみましょう。例えば、「ストレス得点の高さ」と「メタボリックシンドロームや生活習慣病の重症度」に相関があった場合はどのように対処すべきでしょうか。

この点、「AとBに関連がある」ということだけでは「AとBの因果関係」まではわからないことに注意してください。つまり「AとBのどちらが原因で結果なのか」という点は慎重に確認する必要があります。

例えば、労働時間が長い人は運動をする余裕がなく、夕飯を遅い時間に食べることで、太りやすくなっている可能性があります。また仕事の裁量が十分でないことにストレスを感じて、やけ食いしているのかもしれません。

一方で逆の因果関係も考えられます。例えば糖尿病の人はメンタルヘルス不調のリスクが高いという研究結果がありますし、生活習慣病の合併症に伴う体調の悪さが、業務の負担感を上げている可能性もあります。

いずれにせよ、心身両面に問題があれば、一方だけのケースよりもメンタルヘルス不調の発症や、脳卒中や心筋梗塞、うつ病などでの労災リスクが大きく高まります。こういった情報を従業員に積極的に発信することで、治療意欲を向上させる効果が期待できるでしょう。

〈健康関連情報の活用例〉

- 「不眠」項目（職業性ストレス簡易調査票B-29に該当）の得点の高い職場で肥満や生活習慣病を有する従業員に対し、（交通事故リスクを増やす）睡眠時無呼吸症候群の症状の有無について産業医か保健師から確認する
- 残業削減の取り組みによって、実際の残業時間と〔仕事の量的負担〕得点が継時的にどう変化したか確認し、職場改善活動の成果を評価する
- 休職率や退職率、労災事故、交通事故などの発生確率と、職場のストレス判定図の各項目の得点を突き合わせることで、優先的に職場改善に取り組むべきポイントを把握する

より詳しい調査票を活用する

最後に、ワーク・エンゲイジメントも確認できる調査票を利用している場合は、これらの指標を活用した集団分析を行ってみましょう（ここで言及しているワーク・エンゲイジメントを構成する因子については、62頁の図表を参照ください）。

まずはワーク・エンゲイジメントに関連する各指標の得点を見て、特に気になる点がないか確認してください。例えば、「仕事の意義や今後の方向性について各従業員がどの程度理解しているか」といった点に関連する指標である〔仕事の見通し〕得点が低い職場では、「仕事の達成目標を明確化する」「職場内で目標が共有できているか話し合う機会を作る」といった対策が考えられるでしょう。

また、自分と会社の方向性が合っているかを測定する質問から算出される〔会社との適合感〕の得点が職場全体として低い場合は、「今の会社において自身がどうしていきたいかという見通しを持てない」「今の会社での中長期的なキャリアプランが描けない」といった構造的な問題が隠れているかもしれません。問題点が把握できれば、「採用や配置の際に適性試験を

ワーク・エンゲイジメント×ストレス反応図

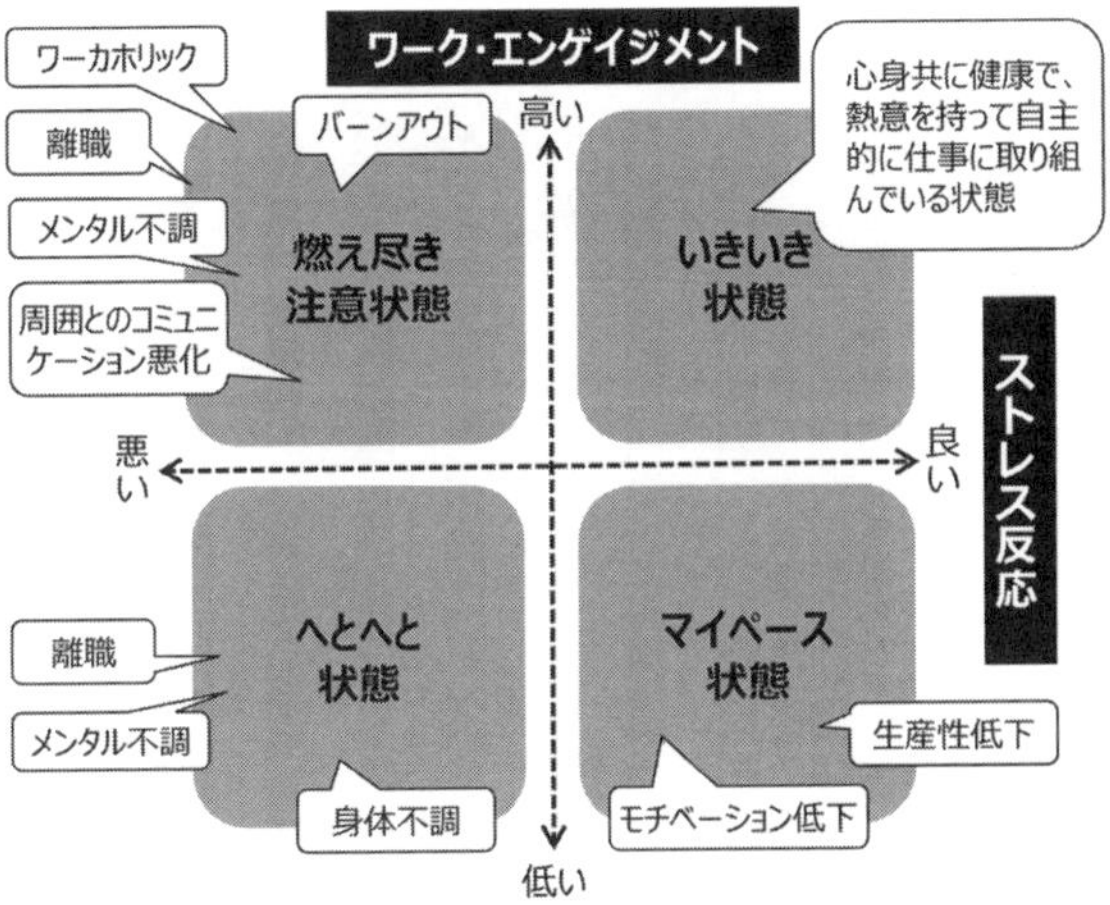

出典：株式会社アドバンテッジ リスク マネジメント作成資料を一部改変

実施する」「会社のビジョンを積極的に従業員に伝える」「キャリアアップの道筋を明確化する」などの対処が可能になります。

もう一つ、個別得点ではなくワーク・エンゲイジメントの総合得点を利用した、「ワーク・エンゲイジメント×ストレス反応図」を用いた集団分析手法を説明します。

仕事のストレス判定図も2×2のマトリックスに分けた分析で、「量―コントロール判定図」は職場でのストレスの大きさを明らかにすることを主眼にしています。一方で、この「ワーク・エンゲイジメント×ストレス反応図」による分析は、従業員が感じているストレスの大きさと、やりがいやる気を持って取り組めているかを中心に確認することで、「職場の活性度」を示すことができる点が大きなポイントです。

- いきいき状態職場（ストレス反応 良い × ワーク・エンゲイジメント 高い）

従業員は心身ともに健康で、熱意を持って自発的に仕事に取り組んでいる状態です。組織活性化の牽引役として、他の職場に対しても良い影響を与えることが期待できます。

- 燃え尽き注意状態職場（ストレス反応 悪い × ワーク・エンゲイジメント 高い）

熱意を持って仕事に取り組んでいるものの、心身に不調が見られる状態です。短期的には成果が上がることが期待できますが、長続きはせず、バーンアウト状態になってしまう可能性が懸念されます。

- マイペース状態職場（ストレス反応 良い × ワーク・エンゲイジメント 低い）

従業員の心身は健康な状態であるものの、与えられた仕事のみ淡々とこなしている状態を指します。仕事への熱意が薄れており、チャレンジ意欲を持ちにくくなっている可能性が懸念されます。

- へとへと状態職場（ストレス反応 悪い × ワーク・エンゲイジメント 低い）

心身の不調が見られており、頑張りたくても頑張ることができない状態です。休職者・退職者予備軍であり、根深い課題が放置されている可能性が懸念されます。

理想はいきいき状態ですが、それ以外の状態の場合、その集団がどのマトリックスに含まれるかで実施すべき対応が変わってきます。

燃え尽き注意状態であれば、「みんな前向きに頑張っているから大丈夫」ではなく、体調を崩す従業員が出始める前に何らかの手を打つ必要があります。必要な対応を考える際には、仕事のストレス判定図なども併用して、職場のどこに大きなストレスが隠れているかチェックしましょう。

一方でマイペース状態なら、対応はかなり変わってきます。このマトリックスに含まれる職場では、ストレスを軽減するという方向性よりも、どうやって従業員のやる気を高めるかが重要になります。ワーク・エンゲイジメントが低い理由が業務内容にあるのか、マネジメントの問題なのか、あるいは他に理由があるのかなど、詳細な分析が必要です。

へとへと状態は、ストレス反応とワーク・エンゲイジメントの両方の状態が悪い、非常にリスクの高い状況です。こういった際に、ストレス反応が高い（＝心身の調子が悪い）人のワーク・エンゲイジメントを高めるのは簡単ではありません。そのため、まずは職場のストレスを減らす対応について考え、ある程度マイペース状態に近づいてきたところでワーク・エンゲイジメントを高める工夫について検討する、という順序で進めていきましょう。

〈ワーク・エンゲイジメントを高めるための工夫〉

- 経営理念や将来のビジョンを会社全体で共有する
- 経営情報を共有し、会社や職場の置かれている状況を理解できるようにする
- 従業員同士が仲良くなれるような機会、イベントを用意する
- 誰もが主体的に仕事に取り組めるよう、マネジメントを改善する
- 現場との人事交流を増やし、仕事のやりがいへの気付きを与える
- 人事評価に偏りがないか確認し、評価の納得感を高める
- 従業員一人ひとりの貢献度を見える化する
- 無駄な雑用や会議を減らし、効率よく仕事をできるようにする
- フリーアドレスやサテライトオフィスなど働きやすい環境を整える
- 長時間労働やパワハラなど、ワーク・エンゲイジメントを下げる要因を排除する

column 3

ストレス耐性と集団分析

ストレス反応やワーク・エンゲイジメントを規定する要素の一つとして、職業性ストレスモデルで紹介した「個人要因」、いわゆるストレス耐性があります。繁忙期に多くの仕事を振られた際に、「自分が成長するチャンスと考えて前向きに取り組む従業員」と、「仕事の増加を悪いことと捉えてやる気をなくす従業員」とでは、後者の方がより強くストレス反応が生じてしまい、メンタルヘルス不調にもなりやすいのは自明のことでしょう。

ストレス耐性は個人差が大きいため、一般的には集団分析よりも個々人のセルフケアで役立つ指標です。しかし、ストレス耐性は周囲の環境にも影響を受けるため、集団分析で明らかな変化があった場合には、職場の問題が関係している可能性があります。

例えば、多くのメンバーが前向きに仕事に取り組める環境では、職場全体のセルフ・エスティーム（自尊心）が高まりストレス耐性が強化されます。逆に仕事の効率が悪い職場で働いているため自分の能力に自信が持てないといった状況があれば、職場全体で見てもストレス耐性が低くなるでしょう。ストレスチェック専門の外部委託機関では、独自の調査票でストレス耐性を測定できる項目を設けていることがありますので、これを職場改善に生かすことも可能です。

一例として、ある会社で「新入社員のストレス耐性が低い」という結果が出た場合を考えてみましょう。社会に出たばかりの新入社員は、ストレス耐性が十分に鍛えられていない人が少なくありませんが、これを放置したまま厳しい指導をしたり遅くまで残業させていると、職場に対する不適応を起こし、最悪の場合は早期退職につながってしまう場合もあります。こういった傾向が明らかになった際は、時間をかけて初期研修を行ったり、管理職にマネジメントの改善を促すことで、大きなトラブルへの発展を防ぐことが大切です。

なお、特定の集団のストレス耐性を高める具体的な方法が思いつかない場合は、ストレス耐性の高い他の集団に着目してみましょう。例えば、ストレス耐性の平均値が高い部署では、「従業員同士がお互いの仕事を前向きに評価する」「ワーク・ライフ・バランスを考慮した働き方を進めている」といった工夫をしていることが少なくありません。こういった取り組みを他の部署で共有することで、会社全体のストレス耐性を高められないか検討してみましょう。

ストレス耐性の強さは一種の個性であり、従業員一人ひとり違うのが当たり前ですが、一方で職場でのちょっとした工夫により構成員全体のストレス耐性を強化することも可能です。こういった指標も職場改善の契機にするとともに、会社がこれまで把握していなかった自社の強みを見つけ出す機会にしてください。

第4章

職場改善活動の展開

展開する上での注意点

ここまで集団分析の読み方や職場改善のヒントについて説明しました。本章では、職場改善を行う実施主体ごとに展開方法を説明し、それぞれの長所短所や気をつけるべきポイントについて解説します。

集団分析結果の展開の手法は、職場改善活動の計画立案・実行を、誰が中心となって行うかによって、以下の3つに大別されます。

- 経営者がトップダウンで職場改善活動を考える「経営者主導型」
- 職場の責任者である管理職が職場改善活動を主導する「管理職主導型」
- 従業員自身が具体的な職場改善活動を検討し実践する「従業員参加型」

もちろんどれか一つだけを選ぶ必要はありませんが、責任を持って活動を行う主体を最初に決めることで、改善活動をスムーズに導入しやすくなります。なお、どのタイプの職場改善活動であっても、当初は議論が的外れにならないよう、集団分析のことをしっかり理解している社内の担当者（ストレスチェック実施事務従事者など）の介入が望まれます。

まずは下準備として衛生委員会で集団分析結果の報告および検討を行いましょう。衛生委員会は職場の産業衛生活動の中心的な会議体であり、ストレスチェックのＰＤＣＡサイクルを回すためにも、集団分析の概略を報告し、翌年の方針を話し合う機会を作る必要があります。最近では労働基準監督署（以下「労基署」）の臨検で「衛生委員会で集団分析結果を討議しているか」まで確認されるケースもあります。

また、常勤の産業衛生スタッフのいない中小規模の会社では、各職場の職場改善活動の会議体にまで専門家が関わることは難しいので、より衛生委員会の重要性が高まります。どのタイプの職場改善活動を行う場合でも、まずは衛生委員会で産業医やストレスチェック外部委託機関のカウンセラーなど集団分析に詳しい専門家も交え、集団分析結果を正確に理解する機会を作りましょう。委員会で会社の問題点や必要な職場改善の方向性を共有してから、実施主体別に具体的な職場改善活動を始めることが大切です。

ただし、衛生委員会には労働者代表として各部署の従業員も参加している点は要注意です。なぜなら、そういった参加者から予定しない形で集団分析の結果が部署に伝わると、誤解を招く恐れがあるからです。「各部署の詳細な分析結果は配布しない」「不適切な形で外部に情報を伝えないように指示する」など、情報管理についても事前に検討しておきましょう。

職場改善活動の3つの進め方

職場改善活動の中心を担う主体としては、「経営者」「管理職」「従業員」という三者が考えられます。以下、それぞれが主導する活動の特徴と手法について、説明していきます。

経営者主導型

長所と短所

従業員の健康や職場の安全に対する最高責任者である経営者が、積極的に職場改善活動の方針決定に関わり、対策を進める職場改善活動です。

経営者主導型の最大のメリットは、会社全体の方針決定を迅速に行えることと、人員配置の変更などの経営判断が可能な点です。例えばマンパワーが足りずに長時間残業が慢性化しているような職場では、各職場で職場改善の工夫を考えてもらう前に、まず業務負荷の軽減が必要であることが少なくありません。こういった場合に、経営者であれば採用の強化や部署間の業務負担の見直しなど、効果的な対応を迅速に進めることができます。

また、別の視点として、経営者自身の気付きを促すことも期待できます。普段は会社の業績向上を中心に考えている経営者に、職場改善活動を通じて従業員の健康維持増進の重要性や生産性向上に与える影響について検討してもらうことで、より積極的に経営資源が投入されるきっかけになるかもしれません。

一方でデメリットとしては、経営者が各部署の業務内容や問題点を正確に理解しているとは限らず、的外れな対策を進めてしまう可能性が挙げられます。例えば、疲労感が強い職場に対し、業務量や人員配置の問題を解決せずに「もっと残業を減らすように」とだけ指示したらどうなるでしょうか。隠れ残業や持ち帰り残業が増加し、かえって職場の雰囲気が悪化するかもしれません。

また、経営者が「職場のサポートに関する指標が良くないのは管理職のマネジメントが悪いせいだ」「高ストレス者が多いのは経営者に対する不満が表出されているのでは」など集団分析結果に後ろ向きな認識を持ってしまい、人事上のマイナス評価に使ってしまうリスクもあります。こういった不適切な利用状況を従業員が知ったら、正直にストレスチェックの設問に答えることができなくなってしまうでしょう。

さらに、トップダウンだけで職場改善を進めると、従業員が「自分たちが考える必要はない」

「下から何を提案しても無駄だ」と受け身になってしまい、職場改善に対する前向きな意欲を削いでしまう場合があることにも注意しなくてはいけません。

そのため、経営者主導型の職場改善活動を行う場合には、担当者から経営者に対して集団分析の意義や解析結果について丁寧に説明して正確な理解を促すとともに、従業員にも職場改善の取り組みをオープンに伝えていくことが大切です。

担当者のすべき準備

衛生委員会で集団分析結果を議論した上で、経営者に対して結果や解釈、考えられる職場改善活動などについて報告する準備をしましょう。経営者に具体的なイメージを持ってもらうとともに、的外れな対策になってしまうことを防ぐため、事前に従業員に対するアンケート調査を実施したり、代表者の意見を聞くなどして、従業員の具体的な意見を積極的に取り込むことも大切です。

資料を作る際には、グラフや表などを活用して、ストレスチェックに対して十分な知識がない経営者にもわかりやすく説明するようにしましょう。また、不利益取り扱い禁止などの法的規制について伝えることも忘れないでください。

具体的な進め方

担当者から報告を受けた集団分析結果や職場改善提案に基づき、経営陣で議論して職場改善活動の基本方針を決定します。

〈課題と職場改善活動例〉

集団分析結果：〔家族・友人からのサポート〕〔仕事や生活の満足度〕得点が低い

結果の解釈：仕事と家庭の両立に困難を感じている従業員が多い

職場改善活動：リモートワークなど働き方改革を進める、産休育休制度や介護休暇制度を見直す、単身赴任の従業員を減らせないか検討する

具体的な実施計画を策定できたら、全従業員向けに周知した上で、各職場や労務担当者に対して対応を促します。その際には、「経営者は職場改善活動を重視している」「働きやすい職場を作ることは重要な経営課題である」「誰かを責めることを目的としたものではない」ことをしっかり周知し、従業員の前向きな参加を促すことが大切です。

管理職主導型

長所と短所

部署ごとの集団分析結果を管理職が確認し、対策を進める職場改善活動です。同じようなストレス状況であっても、実際の問題点は各部署によって異なりますし、対策も一律に実施できるものではありません。部署の責任者であり、問題点を一番理解しているはずの管理職が職場改善活動を主導することで、部署の特性に合った効果的な職場改善活動が期待できます。また管理職に主体的に参加してもらうことは、「職場を健全に保つためにどうすればいいか」という点をしっかり考えてもらう機会を作ることにもつながり、マネジメント能力の向上も期待できます。

一方、管理職の権限は職場内にとどまるため、経営者主導型のように「人を増やす」「会社全体としての方向性を打ち出す」などのドラスティックな活動を行うことはできません。

また、「職場改善が必要＝自分のマネジメント能力が否定されている」と感じてしまう場合も少なくないので、職場改善活動と管理職の評価とは全く無関係であることを繰り返し伝えていく必要があります。

さらに、すべての管理職が職場改善活動に熱心とは限らず、必要な対応を怠ったり、独りよがりな対策にとどまる可能性もあるので、その点は外部からのチェックが必要です。

最後に、パワハラ事案などが典型例ですが、残念ながら「管理職自身が職場の主要なストレス要因である」といった場合もあります。こういったケースでは自分の問題に気が付いていないことが多く、適切な職場改善活動は期待できません。例えば〔上司の支援〕得点が非常に低く、部下が管理職を信頼できていないような職場については、別の主体による職場改善活動から進めていく方が適切でしょう。

担当者のすべき準備

忙しい管理職にいきなり集団分析結果だけを渡しても、有効な職場改善活動は期待できません。経営者主導型の場合と同様に、まずは担当者や衛生委員会で、問題点の明確化や具体的な職場改善活動の手順を考えてみましょう。また管理職主導型であっても、あらかじめ経営者が職場改善活動の基本方針を決定・周知し、管理職が主体的に取り組みやすい環境を作っておくことも大切です。

具体的な進め方

大まかな流れとしては、以下の2つの方法が考えられます。

- 担当者から個別の管理職に対して、マネジメントしている部署の集団分析の結果を伝えて職場改善活動を検討してもらう。
- 多くの管理職に集まってもらい、担当者から全社の集団分析の結果を説明した上で、集団で職場改善活動を討議する。

情報管理の観点からは、前者のように個別にフィードバックして職場改善を促す方が望ましいと言えます。一方で、管理職によって熱意や工夫の程度に差が出やすいので、集団分析結果を確認してもらう前に結果の読み方や職場改善手法に関する研修を実施したり、担当者から丁寧に結果およびその解釈を伝えることで、独りよがりな職場改善にならないように注意する必要があります。

後者の場合は、多くの管理職が集まって自分の部署と他の部署を比較・議論することにより、問題点の認識が深くなったり、職場改善のヒントが得られることが期待できます。一方で、「結果の悪い部署が攻撃されてしまう」といった誤った方向に進んでしまうリスクもあるため、担当者や産業衛生スタッフがファシリテーターとして参加することが望まれます。

〈課題と職場改善活動例〉

集団分析結果：〔上司の支援〕〔同僚の支援〕得点が低い

結果の解釈：上司から十分サポートされていないと感じている従業員が多い、職場の雰囲気が悪く従業員同士の助け合いが十分できていない

職場改善活動：定期的に面接や相談の機会を作る、共感的態度で部下に接する、職場の人間関係の問題点を確認する、複数人で仕事を回せるように仕事の割り振りを工夫する

なお、管理職主導型の職場改善活動で、部下に集団分析結果をどこまで伝えるべきかの判断はケースバイケースです。職場の問題点と改善策を部下と一緒に考えることで従業員の前向きな参加が期待できる一方、うまく説明できないと「うちの職場はストレス度が高く、良くない環境だ」「〇〇さんが悪いのでは」など、かえってストレスを高めてしまうような解釈をする人が出てくる恐れもあります。「職場の問題の有無にかかわらず職場改善活動は重要である」「個人の問題に収束させるのは不適切である」といった集団分析の原則（140頁参照）もしっかり説明し、誤解を生まないように注意しましょう。

従業員参加型

長所と短所

各職場で働いている従業員自身が、職場改善に向けた計画の立案実行に主体的に関わる活動です。ストレスを感じている当事者が中心になって改善策を考えることで、従業員の意見を反映した適切な対策が取りやすくなります。

また「自分たちが声を上げることで職場が良くなる」という感覚は、職場に対する愛着や当事者意識を高めるとともにセルフ・エスティーム（自己肯定感）を向上させ、最終的にはストレス耐性の強化にもつながります。

一方で、従業員参加型の職場改善を行うためには、少しでも多く（できれば全員）の従業員に参加してもらう機会を作ることが重要です。なぜなら、一部の意見しか反映されないような形で活動を進めると、かえって不公平感が強くなってしまうからです。

また人間関係が悪い職場や、一人ひとりの業務状況が大きく異なる職場では、意見の集約が難しく効果的な職場改善につながらない可能性もあります。十分な体制作りが難しい職場については、別の方法から検討してみましょう。

なお、ワークショップなどを実施する際には集団分析をよく知らない従業員も数多く参加することが見込まれます。最初のうちはファシリテーターとして実施事務従事者や産業衛生スタッフが同席し、スムーズな理解や議論を促すことが重要です。

担当者のすべき準備

事前に衛生委員会で集団分析結果を確認し、問題点を把握しておくことは他のタイプの職場改善活動と同様です。その上で、従業員参加型の職場改善活動の適否は、各職場の状況によって大きく異なります。最初に以下の点を検討した上で、実施する職場を決めましょう。

- 多くの従業員に討議への参加機会を与えられる状況があるか

　一部の従業員しか討議に参加できないと、職場内の不公平感が高まってしまう恐れがあります。

- 職場改善活動を継続するための時間を確保できるか

　集団分析結果を確認し、職場改善を話し合うには、少なくとも1回あたり30～60分程度は必要です。ＰＤＣＡサイクルを回すことを考えると複数回の会合を繰り返すことが望ましいですし、従業員の多い職場では同じテーマを何回かに分けて話す必要があるかもしれません。

・正直に討議できる職場の雰囲気があるか

従業員同士の信頼関係がないと前向きな話し合いをするのが難しくなってしまいます。例えばいじめやハラスメントなど、先に対処すべき問題がないかも確認しておきましょう。はじめから全ての職場で実施するのではなく、一部の職場（職場改善に興味関心の高い職場、高ストレス職場など）で先行実施するのも一案です。

また各職場では、５Ｓ（整理、整頓、清掃、清潔、躾）活動や危険予知訓練（Kiken Yochi Training：ＫＹＴ）など、様々な従業員参加型の職場改善活動が既に行われていることが少なくありません。まずこれらの状況を確認し、同じ会議体で集団分析についても討議できないか考えてみましょう。

具体的な進め方

従業員参加型の職場改善活動は、以下のサイクルを繰り返しながら進めていくのが一般的です。

従業員参加型の職場改善活動サイクル

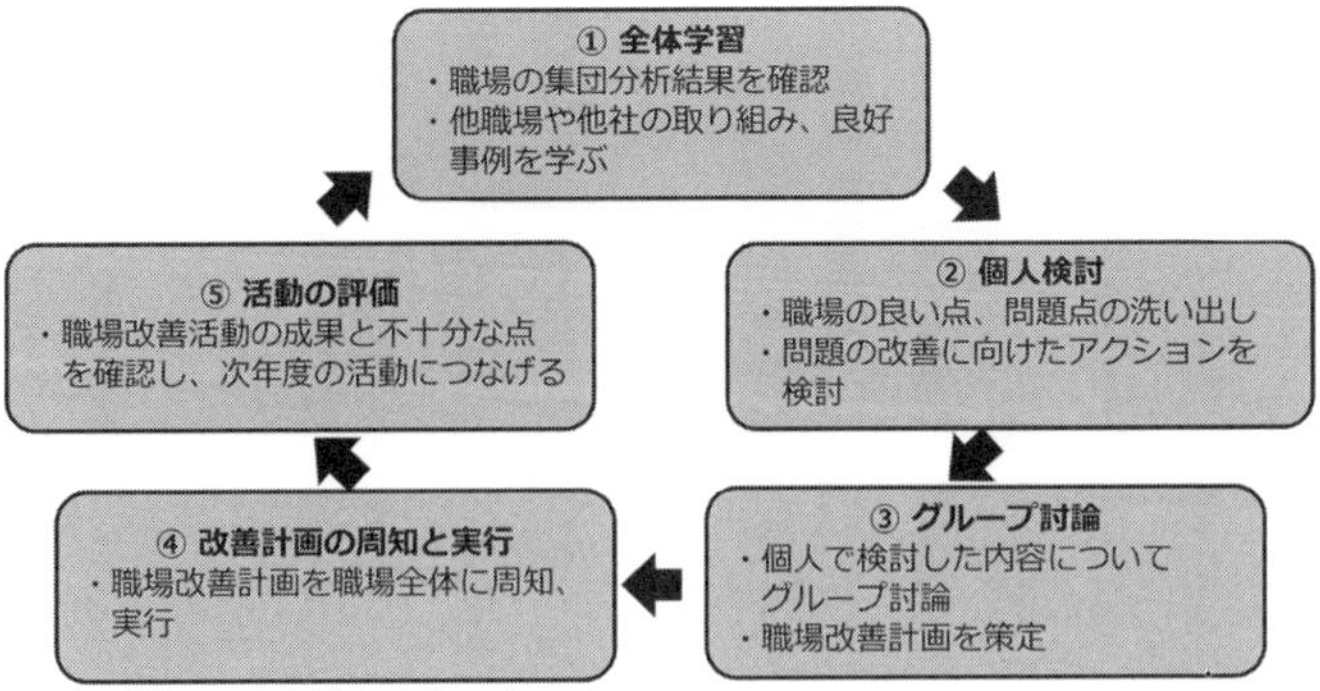
① 全体学習
・職場の集団分析結果を確認
・他職場や他社の取り組み、良好事例を学ぶ
② 個人検討
・職場の良い点、問題点の洗い出し
・問題の改善に向けたアクションを検討
③ グループ討論
・個人で検討した内容についてグループ討論
・職場改善計画を策定
④ 改善計画の周知と実行
・職場改善計画を職場全体に周知、実行
⑤ 活動の評価
・職場改善活動の成果と不十分な点を確認し、次年度の活動につなげる

①　衛生委員会での議論も参考にしつつ職場の集団分析結果を確認した上で、他の職場や他社の取り組みおよび良好事例について勉強します。担当者が詳しい資料を作成するなどして、できるだけ多くの従業員に学習してもらうことが大切です。

②　個々人で職場の良い点や問題点を洗い出し、改善に向けたアクションについて考えてもらいます。

③　②で考えた内容についてグループ討論を行い、職場の改善計画を策定します。

④　改善計画を職場全体に周知し、実際の職場改善活動を進めます。

⑤　職場改善活動の実施後に、その成果や、より改善すべき点を話し合う場を作り、ＰＤＣＡサイクルを回します。

このサイクルで特に重要な部分は、グループ討論で活発に意見を出してもらうところです。極端に人数が多いと話し合いの効率が落ちるので、1回の討議の参加者はせいぜい10～20名前後までにして、従業員数によっては複数回繰り返すようにしましょう。必ずしも全従業員に参加してもらう必要はありませんが、「誰もが参加できる機会を与えられている」という状況を作ることが職場全体で改善活動に取り組む意欲を高めることにつながります。

また、集団分析を用いた職場改善活動は、5SやKYTなど労災事故予防の職場改善活動などと比較してイメージが湧きにくいため、グループ討論の際には担当者がファシリテーターに入るなどしてサポートすべきです。一方で、従業員の主体性を重視するのが従業員参加型の特徴なので、担当者が議論をリードするような形は望ましくありません。担当者は集団分析結果の説明や他社の取り組み事例の紹介といった情報提供に徹し、できる限り従業員自身が積極的な発言をできるような雰囲気作りを心がけてください。

なお、以下のような職場改善の集団討議をサポートする様々なツールが公表されているので、ぜひ活用しましょう。

- 職場改善のためのヒント集（メンタルヘルスアクションチェックリスト）（厚生労働省ウェブサイト「こころの耳」）https://kokoro.mhlw.go.jp/manual/hint_shokuba_kaizen/

従業員参加型の職場改善活動について、様々なアイデアが記載されたヒント集。チェックリスト方式になっているので、従業員同士のグループ討議などで利用すると効果的。

・メンタルヘルス改善意識調査票ＭＩＲＲＯＲ（産業医科大学　産業生態科学研究所　精神保健学研究室）http://omhp-g.info/improvement.html

職場における望ましい状態を示す45項目の質問から構成される調査票。この調査票により、従業員が問題意識を持っている職場の問題点が明らかになり、職場改善のための意思確認や合意形成、取り組みの優先順位決定などに活用することができる。

〈課題と職場改善活動例〉

集団分析結果：〔職場環境によるストレス〕得点が高い

結果の解釈：受動喫煙や空調（室温）など職場環境に何らかの問題がある

職場改善活動：アンケート調査や空気環境測定などで職場環境の問題点を正確に把握し、受動喫煙対策や温度調整を行う

職場改善活動後の評価と次年度の方針決定

これまでに挙げた、いずれの職場改善活動も「一度実施すれば終わり」という類のものではありません。活動期間が終了したら、実施主体や衛生委員会で、最初に話し合った職場改善について、どの程度達成できたか確認しましょう。

例えば「仕事量のストレスを減らすために長時間労働を削減する」といった目標設定であれば、実際にどの職場の労働時間が、どの程度減ったかという点の確認が必要です。

また「職場の風通しを良くしてメンバー全員が協力できる雰囲気を作る」といった目標設定なら、翌年のストレスチェック結果の〔同僚の支援〕項目やワーク・エンゲイジメント指標を確認することで、一定の結論が得られるでしょう。

職場改善活動を実施したことで良い変化が見られたなら、それを全ての関係者に伝えることで、さらにモチベーションを高め、翌年度以降の改善活動につなげていくようにしましょう。

一方、職場改善活動を実施したにもかかわらず十分な指標の改善がなければ、活動の方向性が誤っている可能性があります。その場合は別の解釈に基づいた活動に変更する、実施主体を変えてみるなど、より良い結果が得られるような工夫を考えてみましょう。

〈集団分析に基づくPDCAの例〉

集団分析結果：〔仕事の量的負担〕得点が高い
結果の解釈：人員不足で従業員が負担を感じている
職場改善活動と結果：経営者主導型の対応として人員を増やしたが、翌年の指標に改善なし
理由：・業務を知らない新人の加入により、かえって教育指導の手間が増えてしまった
・無駄な会議や週末の電話応対などが、負担感の要因だった
次の一手：・業務適性を考えて人員配置を再検討する
・活動主体を管理職や従業員に変更し、職場の現状に合った対策を考えてもらう

集団分析結果：〔上司の支援〕得点が低い
結果の解釈：管理職が十分にマネジメントする時間を取っていない
職場改善活動と結果：管理職主導型の対応として毎週部下一人ひとりと面接をする機会を設けたが、翌年の指標に改善がなかった

理由：・面接時間を確保するために管理職の負担が増えたことで、部下をサポートする時間がかえって減ってしまった

・管理職が高圧的な話し方をするため、部下が本音で相談できなかった

次の一手：・サブリーダー職を新設して、管理職のマネジメント負担を減らす

・管理職対象のラインケア研修で「傾聴、受容、共感」といった支持的傾聴スキルを学んでもらう

なお、職場改善活動が奏功してある職場の環境が良くなっても、別の職場で別の問題が生じる、ということは少なくありません。「職場Aの負担を減らしたら、職場Bの残業が増えてしまった」というケースも見聞きします。もともとストレス度の低い職場であっても、業務内容の変化や管理職の人事異動、退職者の発生などをきっかけにストレス状況が変わることはあり得ます。職場改善活動は労災予防の取り組みなどと同様に継続的に実施するものですので、常により良い職場環境を目指して各職場でのＰＤＣＡサイクルを回していきましょう。

法的な注意事項

ストレスチェック制度の概略は、主に労働安全衛生法（66条の10など）および労働安全衛生規則（52条の9～21など）に盛り込まれています。具体的な実施方法や推奨される調査票などの詳細については、厚生労働省から関連する指針や通達が公表されており、これらも併せて参照する必要があります。またストレスチェックには様々な一般法も関連するため、個人情報保護法や、労働者の健康情報の適切な取り扱い(6)についても、ある程度の知識を持つことが望まれます。

現行制度では、ストレスチェック未実施や従業員への不利益取り扱いなど、ストレスチェックに関連した法令違反そのものに対する罰則規定はありません（ただし労基署への報告不備には50万円以下の罰金規定があります）。しかし、ストレスチェックに関する法令違反は労基署による是正勧告の対象となるだけではなく、過労自殺などが発生した場合の労災認定の有無や、会社の安全配慮義務違反の判断に影響し得る点には注意が必要です。

なお、執筆時点（２０１９年12月）では集団分析は努力義務にとどまっていますが、

2019年4月から産業衛生機能強化が労働安全衛生法に盛り込まれたことも影響し、労基署による臨検の際に集団分析と職場改善活動の実施を求められるケースが増加しています。常に最新の情報を確認し、法制度に合致した対応を心がけてください。

個人情報保護との関係

現行のストレスチェック制度は個人情報保護を極めて重視しています。もとより医師には刑法134条で、保健師には保健師助産師看護師法42条の2で医療情報全般に関する守秘義務が課せられているため、ストレスチェック結果を本人の同意なく第三者に伝えることは許容されません。さらに特定の資格を有していない実施事務従事者であっても、ストレスチェックに関連した個人情報を漏えいした場合は労働安全衛生法105条の規定により懲役または罰金刑の対象となります。つまり、実施事務従事者など情報管理担当者は、医師と同じレベルの守秘義務を負うわけです。さらに、個人情報を漏えいしてしまったことで従業員や会社に損害が発生した場合には、別途民事上の損害賠償責任が発生する可能性もあります。この賠償責任は使用者責任（民法715条1項）の対象になるので、会社も法的責任を負っていることを理解した上で個人情報を適切に管理できる仕組みを作る必要があります。

一方で、集団分析は、個人情報を特定しない分析方法として法律上も認められているため、個人情報保護規定が適用されず、原則として個人情報保護の問題は生じません。ただし少人数の部署での解析は、一部の従業員の影響を強く受けることになるため、場合によっては個人の結果が推測できてしまう可能性がある点には注意が必要です。

特に、「心理的な負担の程度を把握するための検査及び面接指導の実施並びに面接指導結果に基づき事業者が講ずべき措置に関する指針」（２０１８年8月22日最終改正）では10名未満の集団での分析も一定の条件のもとで許容されていますが、そういった場合はより高いレベルでの個人情報保護が求められます。「集団分析結果は当該部署の管理職以外には見せない」など、きめ細かい対応を検討してください。

不利益取り扱い禁止の問題

受検者保護のため、ストレスチェックの受検の有無や結果を理由とした不利益取り扱いは全面的に禁止されています。この規定も、個人の結果を取り扱わない集団分析には関係がないように思えます。しかし、例えば集団分析結果を以下のような形で利用した場合はどうでしょうか。

- 部署の結果が悪いことを管理職のマネジメント能力不足と判断し、管理職に対して何らかの不利益措置（懲戒処分など）を行った
- ワーク・エンゲイジメントの低い部署を「愛社精神が低い従業員が集まっている」と捉え、部署全体の人事評価を下げた

こういった不適切な集団分析結果の利用（悪用）は、ストレスチェックの不利益取り扱いを禁じた労働安全衛生法66条の10第3項の趣旨に抵触する可能性があります。どこまでが不適切か、はっきりした決まりはありませんが、そもそも集団分析は職場改善を目的とした制度であり、従業員にマイナスの影響を与える使用法は厳に慎むべきでしょう。

職場改善活動未実施の法的リスク

最後に明文の規定がないところですが、「集団分析結果が良くなかったにもかかわらず、十分な職場改善活動を実施しなかった」場合の問題点を考えてみましょう。

集団分析自体が努力義務である以上、職場改善活動をしなかったとしても会社の過失ではない、という考え方もできそうです。しかし、国や厚生労働省はそのように考えません。

例えば集団分析の事例ではありませんが、「高ストレス者面接に手を挙げなかった従業員がメンタルヘルス不調になった」といったケースを考えてみましょう。この場合、厚生労働省「ストレスチェック制度関係　Q＆A」では、長時間労働をしているなど、ストレスチェック以外の状況から見て対処が必要な従業員であれば、高ストレス者と認識しているか否かにかかわらず会社側に安全配慮義務が生じるという見解が示されています(7)。

本書執筆現在（2019年12月）、職場改善活動の未実施を理由として会社が責任を問われたケースはないようですが、「ストレスチェック制度の立て付けにかかわらず、職場の問題が明らかになっているなら会社は職場改善活動を実施する義務がある」と認識するべきでしょう。

(6)　厚生労働省「事業場における労働者の健康情報等の取扱規程を策定するための手引き」（2019年3月）にまとめられている。

(7)　厚生労働省「ストレスチェック制度関係Q＆A」（2019年7月31日最終更新）　Q21－1

第5章 ケーススタディ

ケーススタディに取り組むにあたって

　これまで、ストレスチェック制度における集団分析の位置付け、集団分析の読み方や活用法、職場改善の進め方および注意点などについて解説してきました。リソースの少ない中小企業でも有効な職場改善活動が進められるよう、様々なポイントや工夫を盛り込んだつもりですが、これから職場改善活動を始める担当者の方々にとっては、まだまだ具体的なイメージが湧きにくいかもしれません。

　本章では、実際に筆者が関わった事例をもとにして、ケーススタディ形式で職場改善活動の進め方について解説します。経営者主導型、管理職主導型、従業員参加型などのタイプごとの取り組みや、労働時間や健診結果などの健康関連情報も利用した取り組み、さらには詳しい調査票を用いて測定したワーク・エンゲイジメントやストレス耐性の評価および活用など、様々な事例を盛り込んでみました。十分なマンパワーがなくても実践できるように、比較的小さな労力で好影響が期待できる工夫を中心に紹介しています。「労働時間管理が難しい」「職場の雰囲気が良くない」「従業員のやる気が乏しいように思える」など会社によって悩みは様々ですが、本章の事例をうまく組み合わせることで、解決策を探るヒントを見つけられると思います。

一方、いまだに「ストレスチェック担当者以外は集団分析のことを全く知らない」「経営者や管理職に従業員の健康を守る意識がない」「職場の雰囲気が悪く、一緒に職場改善に取り組んでいく風土がない」といった会社も少なくないため、このケーススタディに書いてあるような取り組みであっても、そのまま実践するのが難しい場合もあるでしょう。しかし、どんなに素晴らしい会社でも、最初から完璧な職場改善活動はできません。労務担当者や経営者、管理職、職場の従業員といった関係者が一緒に対策を考え、実践し、反省点を翌年に生かすことで、少しずつ職場は良くなっていきます。また、職場改善に取り組む担当者のそうした姿勢は必ず他の従業員にも伝わり、「自分たちは会社や職場から大切にされている」という前向きな認知を通じ、会社全体のワーク・エンゲイジメントや生産性の向上につながります。そして職場改善活動が経営的にもメリットがあることがわかれば、経営者や管理職の意欲も高まる良い循環に入ります。

なお、職場改善活動を毎年積み上げていくためには、関係者が活動疲れしないような適切なバランス感覚も必要です。こういった視点で本章の事例を検討し、皆さんの会社に合った職場改善活動を考える際のヒントにしてみてください。

Case 1

若手従業員に高ストレス者が多いH社の事例

～管理職中心の職場改善活動～

H社では、会社全体の集団分析結果は同業他社と比較して大きな問題はありませんでしたが、若手従業員の結果が良くありませんでした。職場でのストレスを強く感じており、周囲のサポート体制にも問題があるようです。このため、管理職を招集して対策を検討することになりました。

H社の状況

●業　　種：IT
●従 業 員 数：700名
●特　　徴：新入社員は毎年20～30名ほど（新卒および中途採用）
●集団分析結果：
（仕事のストレス判定図）
・会社全体としては、同業他社と比較して概ね平均的な結果である。
・しかし、20～30代の若手従業員は「量―コントロール判定図」「職場の支援判定図」ともに健康リスクが110程度と高くなっている。

（特記事項）
・前記の傾向は、ほとんどの部署で共通だった。
・若手従業員のストレス反応に関する得点は平均をかなり下回っていた。

●問題意識：
・毎年1～2年で辞めてしまう新人が少なくない。
・人手が足りず、管理職も十分なマネジメントができない悪循環が続いている。
・若手の早期退職は経営リスクにもなるため、ストレス軽減対策を検討したい。

●会議出席者：労務担当者、管理職（Aさん、Bさん、Cさん、Dさん、Eさん）

意見1 「一部の人だけでは？」

管理職Aさん　確かに20～30代の結果が良くないようですが、うちの若手は楽しく働いているように見えます。一部の人の結果が足を引っ張っているのではないでしょうか。

労務担当者　ご指摘のとおり、一部の従業員が全体の結果に影響を与えている可能性はあります。ただ、職場に不満を持つ若手従業員がいるのは事実ですし、その背後にある問題を解決しないと、職場全体に悪い雰囲気が広がってしまうかもしれません。

もし、ストレスチェック結果と管理職から見た職場のストレス度に差があるのだとしたら、若手が上司に本音を伝えられているか確認する必要もありそうですね。

◉ここがポイント

「個人の問題」に収束させない

集団分析の話し合いを行うと、Aさんのように「うちの部署は関係が良好だし、誰か特定の人が問題では」といった意見が必ず出てきます。確かに少人数の集団では一部の従業員のデータが結果を大きく左右しますし、上司としては多くの部下がストレスをためていることを認めたくないのは当然でしょう。しかし、個人の資質の問題と捉えてしまうことは職場の問題を矮小化し、環境改善のきっかけを失うことにもつながります。

そもそも、一部であっても強い不満を抱える従業員がいるのであれば、職場全体の問題として捉えるべきです。ハインリッヒの法則によれば、「1つの重大事故の背後には30の軽微な事故があり、さらに300のミスや見落としが隠れている」と言われています。これを職場の安全衛生に置き換えると、「1人の高ストレス者の背後には、ずっと多くの従業員の不満が隠れている」といってよいでしょう。

また、仮に一部の若手以外のデータに問題がないとしても、残りの人が本当に不満を感じていないのか、それとも管理職に相談できない雰囲気なのか、という点も問題です。管理職から見た職場の雰囲気とストレスチェックの結果が異なるのであれば、管理職が若手の本音を把握できていない可能性も考えなくてはなりません。

◉職場改善活動のヒント
データを正確に検証する

「個人の問題ではないか」といった意見が出た場合には、本当に一部のデータだけが結果に影響しているのか調べてみましょう。そのための手法として、例えば「外れ値を除外して集団分析を行う」といった方法が考えられます。例えば結果が極端な上下5％程度の個人データを除外し、残り9割の結果を見れば、「一般的な従業員」の傾向がより明らかになります。こういった検証を行っても得られた傾向が変わらなければ、やはり職場全体の問題として対応を考える必要がある、ということになります。

また、ストレスを感じている従業員の割合を確認するため、高ストレス者の比率をチェックするのも一案です。ストレス度が高い集団では高ストレス者比率も高い傾向がありますし、「新入社員の5人に1人が高ストレス者だった」などの具体的な数字が出れば、管理職が危機感を持って動くきっかけになることが期待できます。

職場から問題点を吸い上げる

これらの解析によって、管理職が主体となって職場改善活動を行う動機付けができたら、対象となる若手従業員にも活動を始めることを伝え、ストレスの原因となっている問題点を吸い上げましょう。会社全体で職場改善に取り組む姿勢を見せれば若手も心を開き、管理職がこれまで把握できていなかった職場の問題点や改善すべき点を話してくれることが期待できます。

なお聞き取りにあたっては、各職場で一人ひとり個別面接を実施して、直接意見を聞く方法も有用ですが、上司と部下の関係性次第では、プレッシャーを強く感じて正直な意見が言いにくいこともあります。その場合は全社的に匿名でのアンケートを実施する、という方法も考えてみてください。

個別の状況を確認する

これまで述べたとおり、集団分析は個別の従業員にアプローチするための制度ではありません。しかし、明らかに負担が偏っている人、強いストレスを受けている人に思い当たるのであれば、一人ひとりの状況を改善させることももちろん重要です。ストレスをためた従業員は、本人が辛いだけではなく、精神的な不安定さや作業効率の低下により周囲にも悪影響を及ぼすことがあります。そういった従業員は「会社に相談してもどうせ変わらない」といった感覚を持っていることが少なくありませんが、少しでも負担を減らすよう周囲がサポートを続けることで後ろ向きな認知が改善すれば、精神的ストレスが大きく軽減することが期待できます。また、会社や上司からのサポートにより体調が改善した同僚がいることを知れば、他の従業員の士気向上も期待できるでしょう。聞き取り調査を通じて、長時間労働などの不適切な労務問題の有無もしっかり確認してください。

〈確認すべきポイントの例〉

- 残業時間が極端に長い状況が続いていないか
- 有給休暇（以下「有休」）を取得できているか
- 休日に呼び出しや電話対応などが続いていないか

・同僚や顧客とのトラブルを抱えていないか
・勤怠不良や能率低下など、体調不調を疑わせる傾向がないか

意見2「若者のメンタルが弱いだけ？」

管理職Bさん　最近の若者はメンタルが弱くなっている気がします。私が入社した頃よりも残業はずっと減っているし、仕事は楽になっていると思うのですが…。パワハラと言われないように指導の際にも気をつけています。

労務担当者　若手と管理職との世代ギャップで、労働時間管理の受け止め方が違う可能性がありますね。確かに以前より労働時間は減っていますが、メールや携帯電話などでいつでも連絡が取れることが、若手のストレスにつながっている可能性もありそうです。ハラスメントの定義も時代によって異なるので、本当に問題ないのか再度見直してみましょう。

◉ここがポイント

若手と管理職の「意識の違い」に注意する

若手従業員のストレス度が高い会社では、「最近の若者はだらしない」「自分の頃はもっと頑張っていた」といった意見が出ることが珍しくありません。しかし、20～30年前と今とでは働き方が大きく違うことに注意が必要です。例えば、管理職の方が新入社員だった頃は、携帯電話やメール、ＳＮＳなどはどの程度普及していたでしょうか。一例として、患者さんの急変に備えた緊急連絡が重要である大学病院でも、携帯電話やＰＨＳなどで個別に連絡できるようになってきたのは概ね２０００年以降です。会社にいる時間が短くなっても、常に連絡が取れてしまう現代の若者が、昔とは異なるストレスを感じていることは容易に想像がつきます。

また、育児や介護についても、「男性が働き、女性が家を守る」といった感覚は時代錯誤です。現代の日本では、子供が生まれれば男性であっても育児に取り組むのが当たり前ですし、少子高齢化の進行に伴い介護問題に直面する従業員の割合は増加傾向です。ある調査でも、今の新入社員は経済的な豊かさよりもワーク・ライフ・バランスを重視するという結果が得られています(8)。

さらに、ハラスメントに関する社会的な意識が変わってきた点にも注意する必要があります。例えば20年前は全く問題とされていなかった「夜中まで残業を命じる」「結婚や恋愛について質問する」「毎晩のように飲みに誘う」などの行為が、今ではパワハラやセクハラに該当する可能性があります。管理職自身が適切だと思っている指導方法も、部下にとっては時代遅れで苦痛に感じるものかもしれません。

◉職場改善活動のヒント

ワーク・ライフ・バランスに配慮した働き方を考える

まずは所属する従業員の残業時間や休日労働の有無を確認し、全体的に多くないか、一部の人に偏っていないかなどをチェックしましょう。また、可能な範囲でプライベートの変化を確認してみることも大切です。例えば、育児や介護の負担が生じたことで、以前は問題なかった働き方に対し、強い負担を感じてしまうことは珍しくありません。個別の事情に応じて柔軟なサポートを実践し、より効果的な職場改善活動につなげましょう。

〈ワーク・ライフ・バランス実現のための工夫例〉

- 勤務時間外や休日に不要不急の連絡をしない
- 休日（深夜）対応を当番制にして、当番以外には連絡が入らずに休めるようにする
- 育児休暇、介護休暇などを取得する従業員がいることを前提に業務計画を立てる

- 育児休暇、介護休暇などを取得しやすいよう、制度を充実し周知する
- 男性の育児休暇取得を義務化する
- フレックス制度や時短勤務制度を拡充し、活用を促す
- リモートワークや在宅勤務制度を拡充し、活用を促す（通勤負担を削減する）
- オフィス外でも打ち合わせができるようにオンライン会議システムを導入する
- 「1時間単位の有休取得」などのフレキシブルな働き方を励行する
- がんなどの病気の治療と就労の両立を支援するための社内ガイドラインを策定する
- 70頁〈労働時間削減に向けた施策の例〉を実施する

管理職自身の働き方も見直してみる

部下だけではなく管理職自身の就労状況も振り返ってみてください。例えば若手の残業がそれほど多くなくても、「上司が残っているせいで、仕事は終わっているのに帰れない雰囲気がある」といった点にストレスを感じている場合もあります。

また休日にしっかり休養を取ってもらうためには、会社と連絡を取り合わない時間帯を十分に確保することがポイントになります。上司にとっては「暇なときに確認してくれればよ

い」くらいのつもりで気軽に送ったメールであっても、部下から見ればチェックすること自体が強いストレスになることが稀ではありません。休日に不要不急な連絡はせず、もし連絡する場合でも返事を急がない旨を記載することが大切です。

さらに、管理職が無理に頑張り過ぎてしまうと、マネジメントや部下へのサポートが不十分になるだけでなく若手もそれに引きずられて疲弊してしまいます。若手のケアをするためにも、管理職自身の働き方を見直してみてください。無駄に残業をしない、させない環境を作ることが大切です。

ハラスメントと言われない指導を

最後に、仕事に対する管理職と若手の意識の違いは、ハラスメント問題につながりやすい点も要注意です。ハラスメントの問題は年齢層によって大きく認識が異なるため、管理職と若手との間で意見の齟齬が出やすいところです。一般論としては、近年ハラスメントに関する認識が強まり、昔であれば問題視されなかった行為も許容されないことが珍しくありません。例えば、以下のようなケースが度重なると、いまの社会情勢ではハラスメントに該当する可能性があります。

〈管理職のNG言動例〉

- ちょっとしたことで感情的になり、部下に対してすぐ怒る、怒鳴る
- 書類や椅子などを乱暴に扱う（周囲を萎縮させるため）
- 人前で長時間にわたり部下を叱責する
- 正当な理由もなく部下に残業を強要する
- 勤務時間外にメールなどで不要不急の連絡をして、返信を求める
- 休日や帰社時刻の直前に急ぎの仕事を依頼する
- 「仕事の打ち合わせ」と称して無理やり飲みに誘う
- 「育児は母親の仕事」「男性は女性より仕事量をこなすのが当たり前」など性別役割分担意識に基づく発言をする
- 「まだ結婚しないのか」などプライベートに過度に踏み込んだ発言をする

ハラスメントの定義や対策の詳細についてはコラム2（75頁）や**ケース3**の**意見3**（197頁）を参照ください。管理職は「自分の行為がハラスメントになっていないか」を常に意識して指導することが大切です。

〈ハラスメントを防ぐための意識付け〉

・「どのような行為がハラスメントになり得るか」を知る
・（自分ではなく）受け手がどのように捉えるか、という視点を持つ
・言うべきことと、言うべきではないことのラインを理解する
・常に理性的な対応を心がけ、感情的な言動を控える

意見3 「コミュニケーションが下手なのでは？」

管理職Cさん　若手とのコミュニケーションについて悩んでいます。わからないことがあったら聞きにくるか電話してもらいたいのですが、最近の若者はメールやSNSで連絡してくることが多く、こちらの意図が十分に伝わらないことがあります。

労務担当者　難しい問題ですね。もちろん重要な連絡は対面や電話で直接話すべきですが、今の若者はメールやSNSが主なコミュニケーション手段ですし、旧来の連絡方法に苦痛や苦手意識を持っているのかもしれません。管理職と若手のどちらが正しいという話では

ないので、お互いが歩み寄る姿勢が大切ですね。

◉ここがポイント
コミュニケーション手段について見直す

働き方と同様に、近年コミュニケーション手段も大きく変化しています。今の若者には、バブルの頃には携帯電話すら一般的ではなかったとは信じられないでしょう。比較的高齢の管理職は「重要な報告・連絡・相談は対面か電話で行うのが当たり前。メールで済ますのは失礼にあたる」という価値観の人が少なくありませんが、若手社員の中にはフォーマルな連絡もＳＮＳでするのが当たり前、という考え方の人もいます。そういった若手にとっては、いちいち上司に電話で報告することが、予想以上に苦痛なのかもしれません。

一方で、メールやＳＮＳには「非言語的メッセージが伝えられない」という大きな問題があります。通常のコミュニケーションの7割は、「以心伝心」「表情や声色」「その場の雰囲気」といった非言語情報によって行われていると言われていますが、メール等にはこういった情報がほとんど含まれません（ＳＮＳで頻用されるスタンプは非言語情報の代替的な意味合いがあるのでしょう）。よって雰囲気が伝わらないために誤解を招いたり、単なる注意を強く叱責されたように感じてしまうこともあり得ます。

こういったコミュニケーション手段には「これがベスト」という正解がありません。しかし、将来的にもICTを利用したコミュニケーション手段はさらに発展していく可能性が高いと思われます。もちろん会社で働く以上は一定の枠組みは必要ですが、会社や管理職側が若手に歩み寄ることも考えてみましょう。

◉職場改善活動のヒント
コミュニケーション方法を使い分ける

若手に対して「対面や電話で報告してこないのはけしからん」と否定的に受け止めるのではなく、メールやSNSの良い点を考えてみましょう。メールで記録が残れば、あとから言った言わないの問題が生じることを防げますし、SNSによっては相手が読んだかどうかすぐに確認できる点など、これまでのツールにない利点があります。実際に、対面でなくても済むようなコミュニケーションは少なくありませんし、お互いが自由なタイミングで連絡できることは生産性向上にもつながります。

一方で重要な連絡事項は、誤解が生じにくい方法で話し合える場を持つことも大切です。

例えば、営業の定例報告だけならSNSで、遅刻などの勤怠報告は電話で、トラブル対応などの重要局面では対面で、というように、状況によってコミュニケーションを使い分けるのが有用でしょう。事前に「○○の連絡は、××の方法でしてほしい」と伝えておくことで、コミュニケーションの齟齬は大きく減らすことができるはずです。

普段から相談しやすい雰囲気を

「上司と話しても小言を言われるばかり」「わからないことを質問しても、きちんと答えてもらえない」と部下が考えてしまうと、積極的に話しかけにくくなるのは当然です。部下から声かけがあった際には忙しくても一度手を止め、まずはサポーティブな姿勢で相手を批判することなく話を聞いてみてください。叱責しなくてはいけない状況でも、併せて良い部分も伝えることで、部下の前向きな気持ちを伸ばすよう心がけるコミュニケーションが有用です。

〈部下からの相談に対処する具体的な工夫〉

- 意識的に、話す時間よりも聞く時間を長くする（聞く時間＝7割が目安）
- おかしな点があっても部下の言葉をさえぎらず、一度最後まで話を聞く
- 内容にかかわらず、まず相談してくれたことを評価する

・アドバイスをする際には、まず良い点を褒め、それから注意すべき点を伝える

意見4「仕事に夢を見すぎでは？」

管理職Dさん　私は仕事の内容と若手の希望にミスマッチがあるのではないかと感じています。IT業界は先進的なイメージがありますが、実際には顧客との意見の擦り合わせや単調なプログラムの作成業務が多く、最初からクリエイティブな仕事をあれこれできるわけではありません。本人の特性や希望と、実際の業務内容とのギャップを減らすことがストレス軽減につながるのではないかと思います。

労務担当者　確かに、ミスマッチは本人のやる気を削いでしまうだけではなく生産性向上にもつながらないので、我々労務担当者としても対策を検討する必要があると考えています。一方で、「どのように若手の興味を引きつけるか」という観点も必要ですね。今の若手は転職が当たり前ですし、「いずれ仕事の面白さがわかるようになる」といった感覚で、突き放した指導をするのは時代にマッチしないでしょう。もちろん甘やかせばよい、というわけではありませんが、若手が早く仕事の仕組みを理解し、やりがいを持ちやすい環境作りを考えてみましょう。

◉ここがポイント

ミスマッチに要注意

若手、特に高卒や大卒の新入社員は、ほとんど社会経験のない状態で入社してきます。就職活動や面接を通じ、ある程度は会社や仕事に対する知識を得て入社するにしても、就職後の業務内容について事前に十分理解していることは稀かもしれません。そういった状況で業務指導が不十分だったり、徒弟制度のように上から押し付けるような管理をしてしまうと、当然ながら職場への不適応につながります。

終身雇用制度が当たり前だった時代には、「若いうちは『岩の上にも3年』で我慢するべき」といった考え方も通用しましたが、今は新入社員の3割は入社3年以内に離職すると言われています。若手が高いモチベーションを持って仕事できるよう、指導方法や任せる業務の内容を随時見直してみましょう。

また、多くの若手従業員に不満がたまっているケースでは、そもそも採用の段階でミスマッチが生じる原因がないか確認するべきです。学生に対する情報提供が適切か、会社の社風や業務内容に合致した能力を持つ新人を採用できているかなど、採用担当者も交えて話し合いを行いましょう。いまだに高校・大学卒の一斉採用が中心の日本では、早期退職は本人に大きなマイナスになりますし、企業にとっても採用活動やＯＪＴが無駄になってしまうため大損害です。

◉職場改善活動のヒント

適性を見極めた採用や配置を行う

採用の段階で適性を調べる方法として、適性試験を実施している会社は少なくないと思います。これはコミュニケーションスキルや興味の方向性などを知る上で有用ですが、自己記入式の調査票を使うことの限界として、「本人の自己認識が間違えていると、間違った結論が出てしまう」といった点を防ぐことができないので、あくまで参考資料の一つとして捉えるのがよいでしょう。もし可能なら、適性の確認には「言葉ではなく行動を確認する」こと、具体的には１～２週間程度インターンをしてもらうことが有効です。

なお配置や異動の際には、会社の都合を優先せざる得ない場合が多く、必ずしも本人の要望や適性に沿った対応ができないことも少なくありません。そういったケースでは、「本人の意向を聞く機会を作る」「職場配置や異動を決めた理由を伝える」「今後のキャリアステップについて相談する」といった対応を通じて従業員の納得感を高めることが、離職や生産性低下を防ぐ上で重要になります。

やる気を引き出す指導法を考える

適性がマッチした職場に配置するのが難しい場合は、その中でどのようにしてやる気を引き出すマネジメントをするか、という点を考える必要があります。

まず、「若手社員」と一口に言っても、様々なタイプがあります。細かい指導を受けないと不安になる人もいれば、逆にできるだけ任せて自由に仕事をさせた方がうまくいく人も少なくありません。管理職が部下のタイプに合った指導法を選択することで、お互いのストレスを軽減することが可能になります。

ただ、仕事の状況によっては、若手にやり方を合わせてもらう必要も出てきます。その際には「この仕事の目的は何か」「どうしてこのように行うのか」といった詳細をしっかり説明することで、若手の納得感を高めるアプローチが必要です。

〈若手のやる気を引き出す仕組み作り〉

- 不安が強い部下には、毎日報告を聞く時間を作り、安心して業務を行えるようにする
- 自由に仕事をしたい部下には、簡単な仕事から本人に任せ、達成感を持ってもらう
- 直接の上司だけでなく、2～3年ほど上の先輩にメンターとして関わってもらう
- 若手従業員が集まって横のつながりを作る場を提供する

意見5「仕事のやりがいがわかっていない」

管理職Eさん　若手の結果が良くない一方で、40代以降は高ストレス者が減っていて、50～60代の従業員はむしろ全国平均より良い結果のようですね。社歴の短い若手には、仕事のやりがいやこの会社の良さが十分に伝わっていないのかもしれません。仕事のモチベーションを高める工夫を考えてみたいと思います。

労務担当者　確かに当社の強みについて確認することも大切ですね。中高年の集団分析結果が比較的良いことについては様々な解釈ができそうですが、会社や仕事の魅力を若手に伝える取り組みは重要だと思います。

◉ここがポイント
良い結果から改善のヒントを

集団分析の目標は職場改善であり、「職場の悪いところを修正しよう」という考え方は間違いではありません。しかし、悪いところばかりに注意が向くと、「管理職の指導が悪い」など悪者探しになりがちで、前向きな意見を出すのが難しくなります。一般論としては、悪い部分があるのであれば「相対的に良い部分」もあるはずです。良い結果を探し出し、それを手掛かりに改善策を考えるのも集団分析活用への重要なアプローチです。

現在はインターネット等を通じていくらでも他社の情報が集まる時代です。そのため、若手社員が「自分の会社は他のところよりも劣っているのではないか」「もっと自分に合った会社があるのではないか」といった疑問を持ってしまうのは当然です。終身雇用制度が徐々に崩れつつある現状で、若手に将来への不安が広がっているのも事実でしょう。良い部分があるのであれば、「若手社員もいつかうちの会社の良さを理解できる」と静観するのではなく、積極的にアピールすることが必要です。

◉職場改善活動のヒント

会社の強みと弱みを理解する

若手従業員のストレス度が高い会社では、中高年の従業員は比較的良い結果であることが珍しくありません。このような場合、以下のように様々な解釈をすることができます。

- 中高年は仕事が比較的楽で、若手に負担が偏っている
- (早期退職しなかった) 中高年層は会社や仕事に対する愛着が強い

・仕事の全体像がわかってくるとやりがいが見えてくる
・給与や福利厚生が整っていて、育児や介護、健康問題などがあっても働きやすい

こういった解釈について若手と管理職が一緒に考えることを通じ、会社や職場の強み・弱みを理解する一助にすることが大切です。ストレスチェックでワーク・エンゲイジメントなどの前向き指標も測定している場合は、それも組み合わせて検討してみるとよいでしょう（詳細は**ケース5**（236頁）で解説）。

従業員同士の交流を深める

会社が主体となって動くのではなく、従業員同士の交流を深めることで、若手が今まで知らなかったキャリアプランが見えてくることがあります。また、本人だけでなく家族にも会社を知ってもらうことで、第三者的な視点で会社の良さに気が付けるかもしれません。

例えば、社員旅行などの従業員参加型イベントは、「若手や女性社員が嫌がる」などの理由でしばらく下火でしたが、近年は会社への帰属意識を高めるために積極的に活用する会社が増えてきています。ワーク・ライフ・バランスも考慮しつつ、従業員が気軽に参加できる以下のようなイベントを考えてみましょう。

〈従業員同士の交流を深める施策例〉

・テニスや登山などの同好会活動を奨励・補助する
・クリスマスやハロウィーンに合わせた社内パーティーを企画する
・家族が一緒に参加できる運動会や、子供向けの会社見学会を開催する

その後の経過

集団分析のデータを詳細に検討したところ、若手従業員の高ストレス者比率は2割近くで、若手の多くが実際にストレスを感じていることがわかりました。これを前提に無記名のアンケート調査を実施したところ、若手から「休日にも上司からの連絡が多く、休んだ気がしない」「単純作業が多く、成長している実感が得られない」「このまま働き続けて大丈夫か、将来が不安」といった意見が数多く寄せられました。

H社では、それぞれの意見に対して「休日は不要不急の連絡を禁止する」「管理職やメンターによる集団指導体制を策定する」「会社の業績や今後の方向性などの情報を従業員向けにも積極的に発信する」といった取り組みを実施しました。ストレス度の改善の有無については

今後の集団分析結果を検討する必要がありますが、若手社員からは「自分たちの声を職場改善に活かしてもらえた」と概ね前向きに評価されているようです。

まとめ

管理職はストレスチェックや集団分析によって自分の管理責任を問われるのではないかと心配していることが少なくありません。しかし、集団分析の目的は悪者探しではなく職場改善です。誰かを責めるための制度ではないことを十分理解してもらい、管理職が安心して前向きな議論をできる雰囲気を作ることが大切です。

ラインケアの中心である管理職に職場改善活動を考えてもらうことは、職場のストレスマネジメントの基本です。毎年管理職会議などで集団分析の結果をチェックすることで、1年間のマネジメントの良かった部分、改善すべき点を共有し、次年度以降のさらなる改善につなげるきっかけ作りにしてください。

(8) 公益財団法人日本生産性本部「平成31年度新入社員「働くことの意識」調査結果」(2019年6月27日)
https://activity.jpc-net.jp/detail/add/activity001566.html

Case 2

中間管理職のストレス度が高いK社の事例
～経営者中心の職場改善活動～

K社では、30代後半から40代の、いわゆる中間管理職層のストレス度が高い結果が得られました。確かに最近になってメンタルヘルス不調による管理職の休職が続いており、マネジメントに混乱をきたすケースが問題になっています。これに対して経営者が危機感を持ち、全社的な対応を検討することになりました。

K社の状況

●業　　　種：製造業
●従 業 員 数：2000名（工場含む）
●特　　　徴：管理職はほとんどが新卒採用であり社歴が長い。業績はここ数年大きな変化がない。働き方改革の流れで、全体的な残業時間は減少傾向。
●集団分析結果：
（職場のストレス判定図）
- 会社全体は同業他社と比較して平均的。若手はむしろ総合健康リスクが低め。

・管理職は〔仕事の量的負担〕〔上司の支援〕〔同僚の支援〕の得点が悪く、総合健康リスクが高くなっている。

（特記事項）

・管理職には、〔疲労感〕や〔抑うつ感〕などストレス反応の得点も高めの傾向が認められた。

・前記の傾向は、営業所＞本社＞工場の順で強く出ている。

●問題意識：

・管理職が心身の不調で休んだり生産性が下がる事態を防ぎたい。

・管理職が健康に働ける職場作りを通じ、若手にも良い影響を与えたい。

●会議出席者：労務担当者、社長（Aさん）、役員（Bさん、Cさん、Dさん、Eさん）

意見1「ストレス度が高い＝病気？」

社長Aさん　ストレスチェックの結果が悪いということは、うちの管理職は皆、メンタルの病気を抱えているということですか。

労務担当者　全体的な傾向として管理職のストレス得点が高く、体調不良の自覚があることは確かです。ただ「ストレス度が高い＝病気」というわけではないので、皆さん大変な中で頑張っている、ということかもしれません。とはいえ、どんなに健康な人でも過剰なストレスがかかると体調を崩してしまいますので、早めの対策が必要だと思います。

Aさん　なるほど、結果が悪いからといって必ずしも病気というわけではないのですね。中間管理職は将来の経営を担う大切なポジションであり、健康に仕事をしてもらうための施策を考えなくてはいけませんね。

●ここがポイント

経営者に正しい理解を促す

経営を担う役員は、ストレスチェックについて詳しい知識を持っているわけではありません。むしろ、「ストレスに関する得点が高い＝病気の人がいる」といった間違った認識を持っていることの方が多いでしょう。また「従業員のストレスが高いということは、経営者に対して不満があるということではないか」「愛社精神が足りないのでは」などと変に勘ぐる人もいます。経営者が間違った認識を持っていると適切な対処ができませんし、そもそも従業員が安心して正直にストレスチェックに回答することが難しくなります。集団分析の解析は、従業員の健康を守り会社の生産性を高める職場改善活動の第一歩であることを繰り返し伝え、正確な理解を促しましょう。

◉職場改善活動のヒント

経営者への説明を工夫する

通常は労務担当者が経営者に対して集団分析結果を報告することになると思います。その際には具体的な集団分析結果を伝える前に、ストレスチェックの制度趣旨や禁止事項について十分に説明しましょう。

〈経営者に説明すべき制度等の内容〉

- ストレスチェックの目的が「メンタルヘルス不調の未然防止」であること
- 集団分析は、従業員の健康を守る職場改善活動に活用するための制度であること
- 「高ストレス者を調べ出して降格する」「病人扱いして仕事から外す」など、ストレスチェックに関連した不利益取り扱いは全面的に禁止されていること
- 個人情報保護の観点から個別のデータは確認できないこと

その上で、メンタルヘルス不調の未然防止や従業員の活力向上のためには、単に集団分析結果を知るだけではなく、それに続く職場改善活動が重要であることを十分理解してもらうことが大切です。職場改善活動へのインセンティブを高めるため、説明の仕方も工夫してみましょう。

〈経営者への説明にあたっての工夫〉

- 図表やグラフなどを利用したわかりやすい資料を作る
- 他社と比較した自社の特徴をしっかり伝える
- 問題点の指摘だけではなく、自社の良い部分も併せて説明する
- 具体的な職場改善の方法についても提案する

成果を可視化する取り組みを考える

経営者は「経営にどれだけプラスになるか」という点を極めて重視します。よって集団分析に基づいた職場改善活動を何らかの成果の形にして示すことができれば、経営者が改善活動を続ける強いモチベーションにつながります。もちろん短期的な利得だけが目的ではありませんが、職場改善活動を実施する前に「どういった形で成果を可視化するか」という点も

考えておきましょう。

〈成果の可視化の例〉

集団分析結果：若手社員の〔仕事の量的負担〕〔仕事のコントロール〕指標が悪い

職場改善活動：

- 残業時間の削減目標を決め、各職場で業務の見直しを行う
- リモートワークの導入など働き方改革を進める
- 仕事の進め方について若手社員の意見を吸い上げる仕組みを作る

成果の可視化：

- 総残業時間および残業代支出の変化を継時的に追う
- 若手従業員の休職率、退職率の推移を確認する
- 働き方に関するアンケートで従業員の満足度を調査する

実際に筆者が産業医を務める会社でも、残業削減や柔軟な働き方の推進により、新入社員の退職率が半分以下に下がった事例を経験しています。また個別の成果とは若干異なりますが、健康経営優良法人（ホワイト５００）などの認定を受けることができれば採用活動で健康経営

をアピールすることができますし、従業員の健康増進が業績向上や株価上昇につながることも期待できます。様々な方法で、職場改善活動の有用性を可視化する方策を考えてみましょう。

意見2「以前より労働時間は減っているはずでは？」

役員Bさん　当社でも働き方改革に取り組んでおり、管理職も含めて平均残業時間は順調に減っていると聞いています。以前より労働時間は減ったはずなのに、多くの人がストレスを感じるのは不思議な気がします。

労務担当者　管理職の中にはきちんと残業時間を記録していない人がいるかもしれないので、その点は確認が必要かと思います。また、若手の残業時間を減らすために管理職の負担が増えている可能性もありそうです。さらに、残業時間は減っていても全体の業務量自体が変わっていなければ、就労時間内に仕事を終わらせるために余裕がない働き方になっているのかもしれません。

◉ここがポイント

管理職の労務管理は要注意

管理職は三六協定の適用外で残業代もつかないため、正確な労働時間を会社に伝えるインセンティブがなく、適当に労働時間を記載している人が少なくありません。また、近年会社に要求される残業規制が非常に厳しくなっていることもあり、「部下の残業時間を減らすために管理職が長時間労働し、実際には労働時間を正しく記載しない」といった運用がどの会社でも隠れている可能性があります。

しかし健康管理の観点から、現在では管理職であっても正確な労働時間の把握が会社に義務付けられています。実際に、長時間労働に伴う業務上疾病の一因である脳卒中や心筋梗塞といった脳心臓血管障害については、高年齢者のリスクがより高いことが知られており、管理職の方が長時間労働に伴う健康障害の危険性が高いと言っても過言ではありません。

さらに、管理職がしっかり自らの残業管理をしないと、部下である若手従業員も真似するようになり、効率的な働き方を学ぶ機会が失われてしまいます。

◉職場改善活動のヒント

労働時間管理を徹底する

「管理職であっても厳格な労働時間管理が必要である」という当たり前の事実を再確認するのがスタートラインです。健康管理の観点から、裁量労働制が適用される人や管理職も含め、すべての労働者の労働時間の状況を客観的な方法その他適切な方法（タイムカードやパソコンログなど）で把握することが、労働安全衛生法で会社に義務付けられています。

一方で管理職は業務の裁量が大きく認められているため、定型的な管理に限界があるのも事実です。法律上、自己申告制を併用することは可能ですが、その場合は定期的に抜き打ち調査を実施するなどして正確な記載がなされているか確認することが必要である点には注意してください。

管理職の労働時間削減策を考える

管理職に長時間労働者がいることが判明した場合は、残業時間を減らす方法を考えなくてはなりません。ただ、「会社のために頑張っている」「残業代をもらっていないのだから誰にも迷惑をかけていない」という認識の管理職は少なくないため、単に労働時間の削減を命じるだけでは実効性のある対策になりません。会社には安全配慮義務、労働者には自己保健義務があり、残業時間を減らすことが従業員だけではなく会社のためにもなることを繰り返し確認しましょう。

また残業削減は「業務量全体の軽減」とセットで考えなくてはいけません。業務量が減らない中で残業を減らすように強要しても、かえってストレスが高まってしまうことが少なくありません（最近では無理やり残業を減らそうとする会社の取り組みを「時短ハラスメント」「帰れハラスメント」などと呼ぶ人もいます）。「優先度の低い会議をやめる」「無駄な資料作成など、不必要な業務がないか見直す」「外注できる作業は積極的に外に出す」など、管理職を含めた従業員の負担軽減策を検討しましょう。

意見3 「プライベートの問題も関係しているのでは？」

役員Cさん　私自身の経験ですが、最近父親が体調を崩して介護に関わることがありました。中間管理職の人は、介護や育児の負担がかかりやすい年代なのかもしれませんね。私の妻は専業主婦ですが、最近は共働きが増えているとも聞きます。その分、仕事とプライベートの両立が難しいのではないでしょうか。

労務担当者　今の30～40代の夫婦は、共働きの方がずっと多いようです。また少子化や晩婚化の影響で、仕事の変化と子育て、介護などの問題が同時に現れやすいことも、管理職世代のストレスにつながっている可能性があります。

◉ここがポイント
プライベート要因の関与も考える

産業医として管理職の高ストレス者面接を実施する際、よく相談を受けるのが介護や育児の問題です。「課長に昇進したタイミングで子供が生まれ、妻が産後うつになった。さらに親ががんになってしまい、どこから手をつければいいかわからない…」といった話は少なくありません。また、いまだに「育児や介護は女性の仕事」といった周囲のプレッシャーから、将来有望な女性社員が離職してしまう事例もあります。さらに、現時点で明らかになっていなくても、「私的なことで仕事に迷惑をかけられない」「昇進に響くのが心配」といった理由で会社に相談しない（できない）管理職がいるかもしれません。

近年は、子育てや介護、自分の病気などでの離職を防ぐため、国も企業が両立支援に取り組むことを推奨しています。これらのプライベートの問題は、誰もが自分の問題になる可能性があります。他人事として捉えるのではなく、困っている人の立場に立って対策を考えてみましょう。

◉職場改善活動のヒント

支援制度の拡充と周知

まず、会社が仕事とプライベートの両立支援について積極的に取り組む意思を持っていることを、全従業員に伝えることが大切です。その上で、146頁〈ワーク・ライフ・バランス実現のための工夫例〉に挙げたような具体的な施策を進めてみましょう。

ただし、制度を整備するだけで満足しないでください。「休みを取ると周りに迷惑をかけてしまう」といった引け目から、実際には制度が全く活用されない事例も散見します。これに対しては「男性の育休取得率を○%に高める」など、会社としての目標設定を置くことが有用です。管理職に「イクボス宣言」をさせたり、「くるみん」など国が推進している認定制度を活用して、子育てサポートの充実をアピールすることも一案です。

さらに、「制度はあるが誰も知らない」といった状況もよく経験します。全体朝礼、経営会議、管理職研修の場などを通じて情報提供し、経営者が働き方改革を本気で進める意思があることを繰り返し周知していきましょう。

不公平感のない環境作り

一方で、これらの両立支援の取り組みは、長時間労働の問題と同様に生産性向上施策と表裏一体である点は忘れないでください。せっかく在宅勤務制度を取り入れても、全体の業務量や仕事の回し方が従来のままだと、結局オフィスにいる人にだけ負担が集中し、従業員間の不公平感が高まってしまいます。育児や介護の支援についても、「なぜ自分とは関係ない従業員のプライベートについてサポートしなくてはいけないのか」といった不満が生じやすい施策です。以下のような工夫を通じ、全ての従業員にとって働きやすくなる環境整備を考えてみてください。

〈不公平感解消のための施策例〉

- 必ずしも社内で行う必要がない業務は外注し、職場全体の業務量を削減する
- 育児や介護などの理由がない従業員も、在宅勤務を利用できるようにする
- 負荷のかかっている人が十分に評価されるよう人事評価を見直す

意見4 「部署による違いは？」

役員Dさん　同じ管理職といっても、本社と地方の営業所や工場ではかなりストレス状況が違うようですね。本社は間接部門中心で、繁忙期を除けば比較的落ち着いています。一方で営業所では営業ノルマの達成に向けて非常に忙しくなることが多いようですし、工場も24時間フル稼働する時期はかなり大変だと思います。業務内容の違いがストレスに影響しているのでしょうか？

労務担当者　確かに、管理職として一括りにするのではなく、特に負担が強い部署に着目して負担軽減を考える必要もあると思います。今回の集団分析で特にデータが悪かったのは地方の小営業所の管理職でした。会社の業績が頭打ちの中で営業成績を上げることが難しく、営業所のノルマを達成するために強いプレッシャーがかかっているのかもしれません。また地方の営業所には本社の目が届きにくいので、長時間労働など無理な働き方を続けている管理職が隠れている可能性もありますね。

◉ここがポイント

業務内容とストレスの関連を考えてみる

集団分析の解釈をする際には、「年代×業務内容」「性別×職位」など、複数の特徴をクロス分析することも有用です。これにより「若手の営業職の負担感が強い」「女性管理職に対するサポート体制が不足している」など、より詳しく会社の特徴を抽出することが可能になります。

本件では小営業所の管理職でストレスが高くなっています。本社や大きな工場ではしっかりとした労務管理をしていても、少人数の営業所には同様の対応ができていない、というケースは稀ではありません。人数が少ない分、ちょっとした業務量の増加や、産休や退職者などの人員減で、管理職の負担が大きく変わることもあります。

一方で、現場作業の多い建設会社などでは、本社よりも現場にいる時の方がいきいきと仕事をしている従業員も珍しくありません。一般的には業務について裁量がある方がストレスは軽減されると言われますが、従業員の個性によっても異なるところなので、集団分析結果を適正配置を考える一助にしてみてください。

◉職場改善活動のヒント

現場の実情に応じた対策を

部署ごとに大きくストレス状況が異なる場合は、責任の重さや業務量などに大きな違いがないか確認しましょう。異動が多くない会社では「自分のいる部署が一般的な状態」だと考えがちですが、実際には一部の部署に負担が集中していることは少なからずあります。例えば小さな事業所の負担が強いようなら、まずは聞き取り調査を行ってみましょう。「(あなたの営業所だけではなく)多くの小営業所でストレスが高い傾向を認めたので、会社をあげて改善策を検討したい」と説明すれば、管理職として日々感じている問題について話してもらえるでしょう。その上で「人員の再配置や採用強化を検討する」「代替できる業務は本社に移管する」など、具体的な負担軽減策を考えてみましょう。

〈クロス分析に基づく活動例〉

集団分析結果:「工場×若手」のストレス状況に問題がある

結果の解釈①:工場での単純作業にモチベーションを維持できない

職場改善活動①:業務内容を定期的に変えてみる

結果の解釈②:年上の従業員とのコミュニケーションに不安を抱えている

職場改善活動②：比較的年齢の近いサポーターを置く（メンター制度を作る）

集団分析結果：「女性×40代」のストレス状況に問題がある
結果の解釈①：キャリアプランが見えず将来に不安がある
職場改善活動①：女性管理職を増やすなど、女性活用施策を推進する
結果の解釈②：育児や教育、介護と仕事の両立に悩みを抱えている
職場改善活動②：両立支援のための制度を拡充する
結果の解釈③：更年期障害による体調不安が生じている
職場改善活動③：産業衛生スタッフにつなげる、医療機関受診ができるようサポートする

意見5　「出世への意識変化やマネジメント能力とのミスマッチは？」

役員Eさん　私が管理職だった頃は、周囲より少しでも早く出世することを目標にしていました。最近の中堅は上昇志向が弱いように見えます。それに、本人の意向にかかわらず、どうもマネジメント自体に向いていない従業員もいるかもしれないと感じます。このあたり

もストレスに影響するのではないでしょうか？

人事担当者　確かに以前に比べて出世を意識する人は減っています。プライベートとの兼ね合いでバリバリ仕事するのが難しかったり、ワーク・ライフ・バランスを考える人が増えているからかもしれません。また、実務ができてもコミュニケーションが不得手だったり、チーム運営が苦手な従業員は一定数います。マネジメントが下手だと部下のやる気も高まらないので、そういった人材の活用方法も探る必要がありそうです。

◉ここがポイント

中堅社員のキャリアプランを考える

就職活動中の学生を対象としたある調査によると、管理職や社長を目指す学生は以前よりもずっと減っているそうです。バブル景気に沸いた１９８０年代ごろまでは「一生同じ会社で働き、上を目指すのが当たり前」というサラリーマンが大多数でしたが、今は一人ひとりの価値観が多様化し、必ずしも会社での昇進や成功を最優先する人ばかりではありません。最近では仕事より生き方が重要である、ということを強調するため、「ワーク・ライフ・バランス」ではなく「ライフ・ワーク・バランス」と呼ぶこともあります。

　また、本人の意向とは別に、管理職への適性も人それぞれです。仕事の能力が高い人が必ずしもマネジメントや教育がうまいとは限りません。特に最近相談を受けることが多いのは「大人の発達障害」と言われるような従業員についてです。個人でやる作業は高いパフォーマンスを出す一方、周囲とのコミュニケーションが苦手で、管理職になると本人も部下も生産性が下がっていく、という事例を多くの会社で目にします。集団分析だけでは個別の従業員が抱える悩みや能力の問題はわかりませんが、社会全体が多様化している現在、こういった業務適性のミスマッチがストレスの一因になっている可能性は、どの会社でもあるはずです。

　また、現在は定年再雇用制度により65歳までの雇用確保措置が会社に義務付けられていますが、今後はより長く働くことが社会的にも求められる時代になるでしょう。そうなると40～50代の中堅社員にも若手同様にモチベーションを保ちつつ、長期的に成果を上げてもらうことが会社の労務管理として重要になります。集団分析の結果を、個々の従業員が自分らしい生き方をしつつ、適性に合った業務で最大限の力を発揮できる環境を作るために生かしてください。

◉職場改善活動のヒント

管理職の本音を知る

まずは管理職自身が今後の自分たちのキャリアをどう考えているか、人事面接やアンケート調査で確認してみることをお勧めします。その上で、マネジメントに魅力を感じていない管理職が多いようであれば、「管理職が自由に働けない雰囲気がないか」「メリットが少なく負担ばかりが大きくなっていないか」など、その原因を調べてみましょう。その上で、「一般従業員だけでなく管理職の労働時間も正確に把握し、残業削減を目指す」「管理職自身の営業ノルマを減らし、職場全体の成果を最大化することを目標にする」などの対策を考えてみてください。

なお、「給与を増やす」など、大きなコストのかかる待遇改善策を実施するのは簡単ではありません。それでも「今後の待遇改善ロードマップを示す」「管理職同士でマネジメントの悩みについて話し合う機会を作る」「労務管理システム改善などで管理職の負担を減らす」といった取り組みを続けていくことで管理職の士気を高めることが可能ですし、それを見ている若手にも良い影響が期待できるでしょう。

適性を考えて人材を活用する

一方で、マネジメントに興味がなく出世よりもプライベートを優先したい従業員や、マネジメントに適性がない従業員を活用するのも経営者の仕事です。「個人的な事情より仕事を優先するのが当然ではないか」と考える経営者はいまだ少なくありませんが、本来ワーク・ライフ・バランスは従業員本人が決めることであり、会社が「もっと仕事を優先するように」と命じてもモチベーションを下げてしまうだけでメリットがありません。国も働き方改革の一環として自由な就労環境の構築を各企業に求めているので、146頁〈ワーク・ライフ・バランス実現のための工夫例〉のような取り組みについて自社に導入できないか考えてみましょう。

また、そもそも管理職になることに適性がない従業員もいます。例えば、コミュニケーション能力や共感能力が低い、「大人の発達障害」と呼ばれる傾向を持つ従業員は、人の心を読み取って適切なサポートを提供するのが苦手なので、一般的にはマネジメントに向いていないとされています。ただし、そういった従業員は、コミュニケーション能力の代わりに記憶力や集中力が優れていることも珍しくないため、書類作業など人と接点の少ない仕事であれば高いパフォーマンスを発揮できる場合もあります。専門職制度など、管理職になる以外の方法でキャリアアップする制度を策定することで、マネジメントが苦手な従業員にも本人のやる気を削ぐことなく会社に貢献してもらう方法を考えてみましょう。

その後の経過

まず「会社全体として従業員のストレス状況の改善に取り組む」ことを社長名で宣言し、詳細な問題点を確認するために各部署の管理職を対象としたアンケート調査を実施しました。そして調査結果をもとに、管理職を含めた残業時間管理の厳格化、両立支援ガイドラインの策定を実施しました。また小事業所の労務管理が不十分であることが判明したため、地方の事業所についても定期的に労務担当者が訪問し、状況を確認するようにしました。

一方で管理職を中心とした従業員の業務軽減、生産性向上を目的に、会議の削減や事務作業の外注などの施策も講じました。将来的には人事制度を改正し、マネジメント業務を伴わないキャリアアッププランを策定する予定です。

さらに、来年度には健康経営優良法人認定の取得を目標に置き、こうした会社の取り組みを社会にも発信していくことを検討しています。

まとめ

本事例では経営者が中心となって行う職場改善活動を紹介しました。労務管理をトップダウンで決めることには「従業員自身による改善意欲を減退させる」「対応が的外れになる可能性がある」といったデメリットもありますが、迅速に効果的な対策を立てやすいことや、会社全体の方針として進めやすいというメリットもあります。経営者にやる気を出してもらうためにも、従業員の活力や生産性の向上を通じて会社の価値を高めるという、いわゆる健康経営的な視点をしっかり共有することが大切です。

Case 3

特定の職場に問題があったN社の事例
～衛生委員会で考える職場改善活動～

N社の集団分析結果では、第2営業部のストレス度が高い結果が得られました。同部の管理職からは職場環境に問題がある旨の報告は上がってきていませんが、ここ1年ほど退職者が相次いでおり、何らかの問題が隠れていることが疑われます。まず衛生委員会のメンバーで、本件への対策を検討することになりました。

N社の状況

- 業　　　種：総合商社
- 従 業 員 数：400名
- 特　　　徴：体育会系の社風。中途採用にも積極的だが、退職者も多い。第2営業部の人員は40名程度。
- 集団分析結果：
（仕事のストレス判定図）
・会社全体の傾向としては、【仕事の量的負担】の得点が高めな点以外は大きな問題なし。

- 一方で第2営業部については、仕事のストレス判定図の「量―コントロール判定図」、「職場の支援判定図」とも、各得点が他事業部と比較していずれも5～10ポイント悪い数字であり、総合健康リスクが際立って高い結果が得られた。

（問題意識）

- 従業員のストレスが高い職場を減らしたい。
- 退職者を減らし、職場の生産性を向上させたい。

●会議出席者：産業医、衛生委員長（Aさん）、衛生管理者（Bさん）、社員代表（Cさん、Dさん、Eさん）

意見1「以前から気になっていたが…」

産業医　部署ごとの分析から、第2営業部の従業員に強いストレスがかかっていることが疑われます。まずは衛生委員会のメンバーで、今後の対策を考えてみたいと思います。

衛生委員長Aさん　第2営業部と同じフロアにいますが、部署の雰囲気が良くないことは以前から気になっていました。最近は営業成績が振るわず、さらにギスギスしている印象を受けます。この1年で退職者も数名出ており、早く手を打ちたいと考えていましたが、そのきっかけがなく今に至っています。

産業医　異常に気が付いていたものの、対応する契機がなかったということですね。このような問題を表面化し、具体的な対策を考えるきっかけにすることが集団分析の目的です。雰囲気を悪く感じた原因、退職者が増えていた理由などについて考えてみましょう。

◉ここがポイント
集団分析を職場改善のきっかけにする

集団分析はいわば従業員の自己申告をまとめたものであり、結果の良くない部署については、周りも薄々異常に気が付いていることが少なくありません。ただ、明確な理由がないと、内部の人たちは声を上げにくいですし、外部から積極的に環境改善の取り組みを進めることはなかなか難しいものです。まずは衛生委員会で集団分析結果を精査して問題点を洗い出すとともに、職場に介入するきっかけを作りましょう。

なお、集団分析は個別メンバーのストレス状況を知るためのものではありませんが、同時に「一人ひとりの従業員が感じているストレス」をまとめたものでもあります。その部署に所属する同僚の顔や働き方を思い浮かべながら集団分析結果を確認すると、より実情に沿ったストレス状況のイメージを持つことができるようになります。「○○さんの顔色が最近良くないが、疲れているのだろうか」「長く勤めていた××さんが退職したのは何かきっかけがあったのだろうか」などと想像しながら集団分析を読み解いてみましょう。

◉職場改善活動のヒント

切り分け区分や利用するデータを工夫する

個人情報保護の観点から、集団分析は10名以上の集団にまとめて実施することが推奨されています。集団の分け方に特定の決まりはないので、「男性（性別）」「20代（年齢）」「○○事業所（働く地域）」「営業部（マネジメント区分）」など、会社の状況に応じて様々な切り分けを考えてみましょう。もし「○階は全体的に雰囲気が悪い気がする」など気になることがあれば、フロアごとに分けてみるなど、柔軟に切り分け方を考えることも有用です。個人情報保護のため、少なすぎる集団での分析はできませんが、逆に部署の規模が１００名以上など極端に多い場合には、課長レベルの管理職ごとに区分するなど、もう少し切り分けてみることを考えてみてください。
また、集団分析結果から利用できるデータは「仕事のストレス判定図」だけではありません（第2章（40頁参照）で説明したとおり、判定図は職業性ストレス簡易調査票の57個の質問項目のうち12個しか利用していません）。〔疲労感〕〔イライラ感〕などのストレス反応得点や高ストレス者割合など、様々なデータで各部署の結果を比較してみましょう。

具体的なストレス状況についてイメージする

集団分析結果の問題点だけではなく良い点も同時に確認することで、各職場のストレス状況について具体的なイメージが作りやすくなります。以下の例を参考に、各職場の特徴を抽出してみてください。

〈例〉

集団分析結果：〔仕事の量的負担〕〔疲労感〕得点は高めだが、〔同僚の支援〕得点も高い。
職場のイメージ：業務負荷を強く感じている従業員が多く、過重労働や業務トラブルの有無を確認する必要がある。一方で、職場の雰囲気や人間関係は悪くなさそう。

集団分析結果：〔仕事の量的負担〕得点は低めである一方、〔仕事のコントロール〕〔上司の支援〕得点も低い。
職場のイメージ：業務の負担感は強くない割に、多くの従業員が仕事に閉塞感を感じている可能性がある。上司のマネジメントがうまく機能しているか要確認。
集団分析結果：仕事のストレス判定図の結果は問題ないが、ストレス反応が全体的に高め。
職場のイメージ：仕事の先行きが見えなかったり、業務が効率的に回せないことで、「なんとなくストレスを感じている」従業員が多い可能性がある。

意見2「他の部署との働き方の違いは？」

衛生管理者Bさん　第2営業部の業務状況を詳細に調べてみたところ、残業時間については、極端に他部署より長いということはありませんでした。ただ、営業職は正確な時間管理が難しく、隠れ残業や持ち帰り残業が全くないとは断言できません。

産業医　社外に出ることが多い営業職では、労務管理遵守を意識付けないと、見えないところで長時間労働が横行する可能性がありますね。業務内容に気になるところはありませんでしたか？

Bさん　半年ほど前から第2営業部の大口顧客の発注が減り、部署全体として営業成績が伸び悩んでいると聞いています。営業成績が上がらないことや、新規顧客開拓のプレッシャーなども関係している可能性がありますね。

◉ここがポイント

実際の業務状況からストレスの原因を探る

集団分析結果から導き出せる職場の問題点についてイメージできたら、詳細な業務状況について確認し、集団分析結果と様々な数字を見比べることで、思い描いていたイメージが正しいものか確認してみましょう。

できるだけ多くのデータから多面的に検討することが大切ですが、会社のコンプライアンスの観点から、長時間労働などの労務負荷の問題を最初にチェックすべきです。それ以外にも、業務内容や人事異動、部署全体の働き方、管理職のマネジメント、退職者の有無、突発的な問題の発生状況など、該当部署の従業員のストレス状況と関係しそうな情報を集め、ストレスの原因について柔軟に考えてみましょう。

◉職場改善活動のヒント
労務負荷について確認する

まずは該当部署の労務状況を確認し、長時間労働や休日労働などの問題がないかチェックしましょう。仮に〔仕事の量的負担〕やストレス反応の大きさと残業時間に関連があるようなら、全社的に長時間労働対策を進めることでストレス状況の改善も期待できますし、経営者や従業員の前向きな残業削減活動を引き出すことにもつながります。

また、残業時間そのものの数字も大切ですが、そもそも正確に残業時間を申告できる環境になっているでしょうか。一般的には労働時間が長くても、きちんと申請ができて残業代が支払われ、仕事が進んでいる実感があれば、それほどストレスがたまらないものです。隠れ残業、持ち帰り残業などがないかも確認しましょう。

さらに、残業とは少し違いますが、休日の電話やメールへの対応などは発生していないでしょうか。一つひとつの業務負荷は小さくても、「いつ電話がくるかわからない」「メールがあったらすぐに返事をしなくてはならない」といった状況では十分休息が取れず、疲労が徐々に蓄積していきます。休日には「不要不急の業務連絡は避ける」「顧客との連絡は当番制にして、従業員が交互に十分な休みを取れるようにする」といった工夫を考えてみてください。

最後に、仮に〔仕事の量的負担〕が高かったにもかかわらず、労働時間に関する問題がないようなら、「顧客からのプレッシャーが厳しい」「残業削減の取り組みにより、時間内の業務負担の増加が課題になっている」など、職場全体で負担感が高まるような要因があるのかもしれません。場合によっては具体的な働き方について聞き取り調査を行い、隠れた労務問題がないかあぶり出すことを検討しましょう。

人間関係の問題を確認する

労働時間の次に確認すべきは人間関係の問題です。実は労働時間などの量的負担よりも、上司や同僚、部下といった職場のメンバーとの人間関係の方が、従業員のストレスに与える影響は大きいと言われています。皆さんも、「職場内に1人でもうまくいかないメンバーがいると、その人のことばかり考えてイライラし、会社に行きたくなくなってしまう」といった経験があるのではないでしょうか。

例えば〔同僚の支援〕項目の得点が低い場合は、職場の人間関係がうまくいっていない可能性を疑いましょう。もちろん一人ひとりの相性もあるでしょうが、個人の問題であれば集団分析結果に影響を与えるとは考えにくいので、職場全体の傾向として捉える必要があります。

なお、人間関係の問題は様々であり、「こうすれば大丈夫」という一律の解決方法はありませんし、一概に特定の個人が悪いとも言えません。一例を挙げれば、時間にルーズな職場では、時間どおりに仕事を進めたい性格の従業員はストレスを感じますし、その逆もあり得るでしょう。悪者探しをするのではなく、「みんなが少しでも気持ちよく働ける職場を作る」という視点で職場改善活動を考えてみましょう。

人間関係の良し悪しや、個別の問題点を数値化するのは難しいので、問題点がはっきりしない場合は無記名のアンケート調査を実施するのも一案です。最近は人事評価にあたり、上司だけではなく同僚や部下にも評価してもらう360度評価を実施している会社も増えていますが、こういった手法も職場の人間関係を知る手がかりになるでしょう。なお営業職や出向、常駐業務などがある職場では、カスタマーハラスメントなどの顧客側の問題が隠れていないかもチェックしてください。

環境の変化を確認する

「マリッジブルー」という言葉があるように、結婚のような良い方向の変化であっても、環境の変化自体がストレスの大きな原因になります。部署の営業成績の悪化やトラブル発生などはもとより、異動や単身赴任、顧客や営業先の変更など、職場の様々な環境変化はいずれも従業員のストレス悪化の原因になり得ます。意外に感じるかもしれませんが、精神疾患の労災認定基準の中にも「新規事業の担当になった」「配置転換があった」「転勤をした」など環境変化に関する項目が、心理的負荷の程度が「弱・中・強」3段階の「中」に該当する具体例として挙げられています。

一方で、多くの場合、新しい環境に慣れていくことにより徐々にストレスは軽減します。「ストレスチェックを実施したタイミングでストレスがかかっていただけ」ということはよくありますので、環境変化によりストレスを感じている従業員に対して必ずしも対処が必要というわけではありません。ただし、環境変化に伴うストレス増加は1~2ヶ月程度で軽快することが一般的と言われていますので、これが疑われた場合は少し時間が経ってから上司や労務担当者が個別面接で体調を確認したり、可能ならストレスチェックの再検査を実施することにより、一過性の問題か否かを確認することが望まれます。

意見③「管理職のマネジメントの問題は？ パワハラでは？」

社員代表Cさん　言いにくいのですが、部長のマネジメントにも問題があるように思えます。部長自身が自分の営業活動で忙しく、あまり指導ができていないようです。普段からイライラしている様子が見て取れ、部下が萎縮しているように見えます。たまに怒鳴り声が聞こえることもあり、ハラスメント問題にならないか心配になることもあります。

産業医　管理職にも余裕がなく自分の仕事で精一杯で、マネジメントに手が回らないのかもしれませんね。ただしハラスメントを疑わせるような行為は、どのような理由があっても絶対に許容できません。不適切なマネジメントは被害者のみならず加害者の不利益にもつながることを理解してもらい、早急に改善を促す必要がありますね。

◉ここがポイント

管理職のマネジメントの問題を探る

部署全体のストレス反応が高いようなら、それを管轄する管理職のマネジメントに問題がないか確認する必要があります。職場でのストレス要因の多くは人間関係の問題、特に上司と部下の関係が影響していると言われています。上司との関係不良は精神的苦痛にとどまらず、心臓病のリスクになるという調査結果まであります(9)。

また「パワハラが隠れていないか」という点は、職場改善を考える上で見逃すことができないポイントです。管理職の方が良かれと思って指導したことであっても、部下がパワハラとして受け止めてしまうと逆効果です。これまでパワハラそのものを規制する法律はなく、不法行為（民法709条）の一つとして捉えられていましたが、2019年5月の労働施策総合推進法の改正により、企業のパワハラ防止義務が法律上明記されました。罰則の規定はありませんが、ここ数年でハラスメントに対する社会の目は厳しさを増しています。「以前は許されていたはず」といった甘い認識は通用しないことを、管理職にもしっかり理解してもらう必要があります。

◉職場改善活動のヒント

相性の問題を確認する

上司と部下との関係に問題がある場合でも、上司の側が一方的に悪いとは限りません。マネジメントで特にトラブルになりやすいのは「距離感」の相違です。例えば以下のようなタイプの管理職は身近にいないでしょうか。

- 過剰に介入するタイプ

部下の仕事の仕方にいちいち口を出し、十分な裁量を与えない。細かい進め方も含めて部下に任せることができず、何でも自分で決めようとするため、部下が息苦しく感じてしまう。

- 指導に消極的なタイプ

管理職自身が多忙だったり、教育に熱心ではないため、部下を放置する。部下としてはどう仕事を進めればいいかわからず、相談しても十分な指導がないため、仕事の能率が落ちてしまうだけでなく前向きなやる気も失われてしまう。

いずれも、上司と部下との距離感が合わないことでストレスが生じています。これは組み合わせの問題であり、過剰介入タイプの上司も心配性の部下との相性は良いでしょうし、消極的タイプの上司は自由に振る舞いたい部下とならスムーズに仕事を進められるかもしれません。ストレスの原因が距離感の問題であることが明らかなら、上司本人に伝えることでコミュニケーションの改善を促したり、ラインを変更するなどの対応が効果的でしょう。

不適切なマネジメントを修正する

相性にかかわらず避けるべき不適切なマネジメントとしては、例えば以下のようなものがあります。

・管理職自身がいつまでも帰らない（結果的に部下も残業を強制される）
・緊急案件でもないのに、休日や深夜に仕事の連絡をする
・気分屋で日によって言うことが違う
・いざという時に責任を取ろうとしない
・マネジメントに興味がなく、自分の仕事しかしない

年功序列型の会社では、マネジメント能力が十分に評価されることなく、社歴が長くなると自動的に管理職に登用されることが少なくありません。しかしマネジメント能力が低い管理職の存在は、職場にとっても部下にとってもマイナスであり、何らかの対処が必要です。

まずは正確に集団分析結果を伝え、マネジメント改善の必要性を理解してもらうことからスタートしましょう。その際には、「会社のために頑張っているのに正当に評価されていない」といった管理職の後ろ向きな認知につながらないように、以下のように説明の仕方に一工夫してみてください。

〈改善が必要な管理職への説明手順〉

① 集団分析結果から、マネジメントの問題が疑われることを説明する
② 業務遂行能力とマネジメントは別物であり、「マネジメントに問題がある＝あなたの能力に問題がある」ではないことを伝える
③ ただし管理職である以上は、職場を適切にマネジメントしてもらう必要があることを理解してもらう
④ 管理職研修の機会を作るなど、労務担当者も全面的に協力することを伝える

また、管理職本人が改善策を思いつけないときは、以下のような方法をアドバイスしてみましょう。

〈マネジメント改善策の例〉

- 部下の意見をくみ上げる機会を定期的に作り、職場の風通しを良くする
- 部下から相談を受けた際には、結論を言う前に相手の気持ちを聞くようにする
- 会社や部署の目標や方向性について、職場全体で共有する
- 注意（叱責）すべき範囲と許容すべき範囲を明確にする

・マネジメント以外の業務はできる限り部下に任せる
・部下がミスした時も感情的にならず、冷静に問題点を指摘して改善を促す
・部下に積極的に声かけし、常に気にかけていることを行動で伝える
・部下に対して自分から挨拶をしてみる

なお、管理職への指導にあたっては、本人の言い分を聞くことも大切です。本当はしっかりマネジメントしたくても、仕事に余裕がなくて手が回らないのかもしれません。会社ができるだけサポートする意思を示すことが、管理職本人の前向きなマネジメント改善意欲にもつながります。

ハラスメントは絶対に見過ごさない

最後に、管理職のマネジメントについて検討する際には、ハラスメント問題に対して絶対に目をそむけないようにしてください。仮に大きなトラブルにつながった場合は行為者だけではなく、その上司や経営者、会社も管理責任を問われる可能性があります（民法715条）。

パワハラ事例の多くは、管理職に明確な悪意や害意はありません。「熱心な指導」が行きすぎ

たあまりハラスメントになってしまった、というケースがほとんどです。つまり早めに周囲から注意し、管理職の気付きを促すことで、トラブルへの発展を防ぐことが可能になります。またハラスメント問題は傍観者にも管理責任が問われる場合があるので、149頁〈管理職のNG言動例〉のような問題行動を認めたときは必ず指導し再発防止に努めましょう。

意見4「誰に、どこまで伝えれば？」

社員代表Dさん　こういった集団分析の結果は、誰に、どこまで共有すべきでしょうか？もちろん多くの人が知った方が職場改善に役立つかもしれませんが、「あの部署はストレスが多いところだ」といった悪い情報だけが一人歩きしないか心配です。

産業医　共有範囲は難しい問題です。集団分析は、得られた結果を正確に理解してもらわないと、かえって誤解や不信感が高まることにつながりかねません。まずは衛生委員会のメンバーと経営者や該当部署の管理職、労務関係者など、対策に必要な範囲に限定して情報共有すべきだと思います。

◉ここがポイント

共有範囲について検討する

せっかく得られた集団分析結果は、幅広く多くの人に見てもらい、職場改善に生かしてもらいたいところです。

一方で、十分な解釈がなされないまま集団分析結果だけが一人歩きすると、「うちの部署はブラック職場だ」「あの部署の部長はパワハラをしているのではないか」など、間違った情報が流れ、かえって会社が混乱してしまう可能性もあります。

一度広まった情報は元には戻らないので、まずは衛生委員会でしっかり集団分析結果の検討を行い、「誰に、何を伝えることが大切か」という点を話し合いましょう。

不利益取り扱い禁止を再確認

共有範囲を検討する上での大前提として、ストレスチェック制度で得られた結果については、全面的に不利益取り扱いが禁止されていることを忘れないでください。これは集団分析結果についても同様であり、「ストレス度が高い職場の管理職＝マネジメント能力が低い」「ワーク・エンゲイジメントが低い＝やる気のない職場」などと短絡的に評価し、人事考課のマイナス材料とするような運用は許されません。制度の正しい理解を促すとともに、情報共有した場合に悪用される可能性が否定できないケース（例：部下にパワハラをしている上司への情報共有）については、あえて情報を伝えない対応も必要でしょう。

◉職場改善活動のヒント

経営者への共有

経営者は人事に大きな権限を持つ一方、ストレスチェックの知識が不十分なことが多く、「ストレスが高いのは管理職の能力に問題があるからだ」「高ストレス者が多い部署は、やる気のない従業員が多いのではないか」など不適切な結論を安易に導きがちです。これを防ぐため、経営者に集団分析結果を伝える前に、ストレスチェック制度の趣旨や不利益取り扱い禁止の原則を含めた注意事項を説明するようにしましょう（**ケース2**の**意見1**（164頁）を参照）。また職場改善活動施策も併せて提案することで、前向きな環境改善に視線を向けてもらうようにする工夫も大切です。

管理職への共有

管理職は職場改善活動のキーパーソンであり、何らかの活動を行う際には多くの場合は集団分析結果を共有することになるでしょう。しかし、〔上司の支援〕などの得点が低い場合に管理職が「自分を嫌っている部下がいるのでは」などと考え、犯人探しを始めるケースも散見します。「集団分析から個人データを推測することは望ましくないこと」「管理職の評価に利用するものではないこと」「あくまで職場改善のための資料であること」をしっかり伝え、適切な活用を促しましょう。

その上で、どうしても不利益取り扱い禁止が守られない可能性があると判断した場合は、〔仕事の量的負担〕〔仕事のコントロール〕など、上司への評価とあまり関連がない項目だけを選んで説明し、職場改善活動を促すことも検討しましょう。

一般従業員への共有

労務担当者から「集団分析結果は全ての従業員に共有した方がよいでしょうか?」という質問を時々受けますが、原則としてはお勧めしていません。なぜなら、全従業員に集団分析結果を正確に理解してもらうのは非常に難しく、間違った解釈をする従業員が一定数出るからです。従業員参加型の職場改善活動を実施する際にも、所属する職場の結果だけを開示することが望ましいでしょう。また良好事例や改善事例に絞って情報共有し、各職場の改善活動に生かしてもらうことも一案です。

意見5「会社全体の改善施策につなげるには？」

社員代表Eさん　第2営業部の環境改善も大切ですが、この結果を他部署の職場改善につなげる方法はないでしょうか？

産業医　今回は問題が見えていない部署でも、将来的にストレス度が高まる可能性もあります。他部署の事例を参考にして日々の職場改善を図ることは全ての職場で重要ですね。一方で、特定の部署の悪い結果を全社に公表するのは不適切な場合もあります。結果の概略や、今後予定している職場改善活動に焦点を絞って情報共有するのが一案ですね。また職場のストレス度が低く、集団分析で優良職場と考えられた部署で行われている工夫を広めるのも有効でしょう。

◉ここがポイント

会社全体の職場改善につなげる

特定の部署の結果が悪いと、そこだけを改善しなくては…という議論になりやすいものです。しかし、日々の職場改善活動を怠ると、今はストレス度が低い部署でも、いずれ問題部署になってしまうかもしれません。現状にかかわらず、少しでも従業員の働きやすい環境を目指して活動を継続することが大切です。

もちろん、単に「〇〇事業所の集団分析結果が良くなかったので、他の部署も注意してください」と伝えるだけでは意味がないばかりか、かえって「集団分析結果が悪いと、自分たちも吊し上げられてしまうのではないか」などと萎縮させてしまうリスクもあります。「悪者探しではなく職場改善が目的である」ことを繰り返し伝えて、職場改善活動の成果や良好部署の具体的な取り組みを共有するようにしましょう。

教科書に書かれている事例より、自社で実際に行われている活動やその成果の方がずっと従業員の心に響くものです。他部署の結果を知ることが、「あの部署で〇〇に取り組んでいるなら、うちでは××をしてみよう」など、自主的な取り組みを引き出すきっかけになるかもしれません。せっかく会社のリソースを使って職場改善活動を行うのですから、特定部署にとどまらず、会社全体で最大限活用するための工夫を考えてみましょう。

◉職場改善活動のヒント

特定の部署を悪者にしない

会社全体に集団分析や職場改善活動を展開する際には、特定の部署を悪者扱いしないように注意しましょう。従業員が「集団分析結果が悪いと不利益を受ける」といった認識を持ってしまうと、ストレスチェックに正直に回答してもらえなくなりますし、前向きに職場改善を行う意欲も落ちてしまいます。全社で結果を共有する際には、以下のような工夫をしてみることをお勧めします。

〈分析結果共有時の工夫〉

- 共有する情報は概略にとどめ、今後の改善策も一緒に伝える

　コメント例：「［上司の支援］得点が良くない部署がいくつかありました。マネジメントが不十分である可能性があるため、個別の部署に改善計画を作成してもらうとともに、今後管理職向けの研修を予定しています」

- 職場改善活動実施後に、改善結果も併せて共有する

コメント例：「○○事業所は〔仕事の量的負担〕〔仕事のコントロール〕得点が悪く、職場改善が必要な職場でした。しかし管理職と従業員で××に取り組んだところ、翌年のストレスチェックでは大きく結果が改善していました」

良好部署の取り組みを広める

集団分析結果が良かった職場の事例共有も、適切な対応です。「ポジティブサイコロジー」という概念がありますが、人の行動を変える際には、悪い部分ではなく良い部分に目を向けるようなアプローチの方がより有効と言われています。

また、ストレス度が低い職場では当たり前に行われているマネジメントが、他の職場では目新しく映ることも珍しくありません。普段から実施している5S活動などが、気が付かないうちに職場のストレス解消につながっているケースもあり得ます。良好部署の管理職やメンバーに集まってもらい、どのようなマネジメントが行われているか聞き取り調査をしてみましょう。

その後の経過

集団分析結果から、第2営業部のストレス状況は改善が必要であると結論付け、結果を人事部および経営者とも共有しました。その上で人事担当役員から第2営業部の部長に対して集団分析結果を伝え、管理職としてマネジメントを改善するように促すとともに、会社としても必要なサポートを行うことを約束しました。

部長には「暴言を吐かない」「部下と向き合う時間を確保する」などの工夫を実践するよう約束してもらう一方で、「人員不足による業務多忙でマネジメントに十分時間が割けなかった」という意見を考慮して営業の体制を増強し、部下の指導や営業へのアドバイスなどマネジメント業務に専念してもらうことにしました。

さらに、マネジメント指標が良好だった部署の聞き取り調査を行って全部署に共有する、全管理職を対象としたアンガーマネジメント研修を実施するなど、会社全体の職場改善活動施策も並行して実施し、翌年以降も継続的に改善状況を確認する予定です。

まとめ

各職場の特性を明らかにすることで、より効果的なストレス低減策を考えることは、集団分析の最も重要な役割です。「なんとなく雰囲気が悪い」「みんなが疲れているようにみえる」といった漠然とした危機感をわかりやすい分析結果に落とし込むことで、関係者が同じ問題意識を共有して職場改善活動に取り組むことができるようになります。

一方、管理職や従業員の側から見ると、「集団分析結果が自分の評価に悪影響を及ぼすのでは」といった不安を煽られがちな取り組みでもあります。集団分析結果による不利益取り扱いは絶対にないことを保証し、安心して職場改善を進められる環境作りも大切です。

なお、全ての部署の改善活動を一緒に進める必要はありません。最初は協力的な部署、明確な問題がある部署などを選んで職場改善活動を実施し、徐々に他部署にも広げていきましょう。

(9) Toni Alterman; Rebecca Tsai; Jun Ju; Kevin M. Kelly. Trust in the Work Environment and Cardiovascular Disease Risk: Findings from the Gallup-Sharecare Well-Being Index. International Journal of Environmental Research and Public Health. 2019 16(2), 230. https://www.mdpi.com/journal/ijerph

Case 4

労働時間や生活習慣との関連を検討したP社の事例
～ボトムアップの職場改善活動～

P社では実施事務従事者が、ストレスチェック結果と労働時間や健康診断結果、人事異動など個々人の働き方との関連を確認しました。その結果、残業時間や生活習慣病の有無、異動や単身赴任などの環境変化がストレスに影響していることがわかりました。この結果を受けて、実施事務従事者と20～30代の若手従業員が中心となったワーキンググループで、職場改善活動について話し合うことになりました。

P社の状況

- 業　　種：建設業
- 従業員数：1500名
- 特　　徴：工事物件の工期中は非常に多忙になる。受注した工事に合わせ、頻回に異動や単身赴任がある。健診では半数以上が生活習慣病の検査で異常値となっている。

集団分析結果：
（仕事のストレス判定図）
・会社全体の傾向として【仕事の量的負担】が高くなっていた。
・平均残業時間が長い部署ほど、【仕事の量的負担】やストレス反応の得点が高い傾向が見られた。
（特記事項）
・ストレスチェックの実施直前に異動があった従業員はストレス反応得点が高く、単身赴任中の従業員では〔家族・友人からのサポート〕得点が低い傾向があった。また、同じ年の定期健診の際に体重が増加していた従業員は高ストレス者割合が高かった。

●問題意識：
・ストレスと関連する因子を抽出し、職場改善に生かしたい。
・若手従業員によるボトムアップの職場改善運動を展開したい。

●会議出席者：実施事務従事者、若手従業員（Aさん、Bさん、Cさん、Dさん、Eさん）

意見1「忙しい工事現場では休みが取れない」

実施事務従事者　集団分析の結果、全社的に業務量の負担感が高く、実際の残業時間との関係を調べてみても、平均労働時間が長い部署ほど負担感や体調不良の自覚が強い傾向が確認できました。

従業員Aさん　やはり労働時間とストレスは関係しているのですね。私の周りでも、工事物件の引き渡し直前は非常に多忙で、ほとんど休みの取れない従業員がいます。

実施事務従事者　長時間労働により、脳心臓血管障害やメンタルヘルス不調など、様々な病気の発症リスクが高まることが知られています。忙しいからといって過重労働を放置するわけにはいきません。

◉ここがポイント

部署ごとの「平均値データ」を活用する

従業員一人ひとりの健康関連情報は、個人情報保護の観点から安易に利用することはできません。一方で、職場全体の「平均残業時間」「高血圧を有する従業員の割合」などのデータは従業員の個別情報がわからないため、原則として個人情報に該当しません。むしろこれらは従業員の健康管理に必要なデータとして、衛生委員会などでの積極的な活用が国や厚生労働省からも推奨されており、管理権者でなくても活用が可能です。まずはこのような部署全体の健康や労務関連のデータの平均値と集団分析結果を準備しましょう。

わかりやすい指標と集団分析結果の相関を確認する

会社が取得可能な健康や労務に関係する情報は、定期健康診断結果や休職者数など、様々なものがあります。ただ、従業員にとって身近な指標の方がイメージがわきやすく、職場改善の具体的な取り組みも思いつきやすいものです。まずは残業時間や生活習慣病比率などの健康データと集団分析結果の関連を調べてみてください。

◉職場改善活動のヒント

複数データの関連や相関を調べる方法を学ぶ

複数のデータの関連を調べる最も簡単な方法は、「散布図」を作ってみることです。例えば横軸に平均残業時間、縦軸に〔仕事の量的負担〕の平均得点を置いて、複数の職場データをプ

散布図イメージ

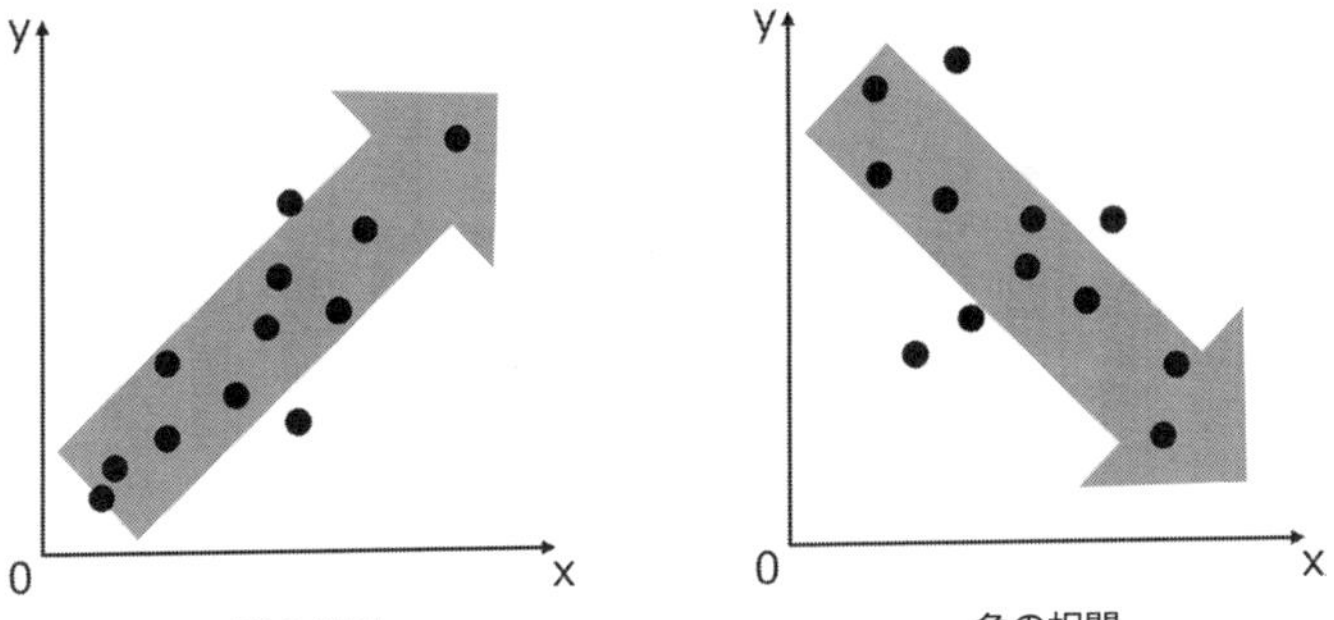

ロットしてみましょう。「一方が増えると、もう一方も増える」という関係があれば、2つの値には「正の相関」があることになり、仮に本ケースの散布図に正の相関が見られるとすると、「残業時間が伸びると従業員の負担感が増す」という結論が得られます。

一方で、有休の取得日数とストレス反応には、「有休取得日数が少ない従業員ほどストレス反応が高い」という関係があるかもしれません。このような「一方が減ると、もう一方が増える」という関係は「負の相関」と呼ばれます。

こういった関係の強さを調べるためには「相関係数」という数値を調べます。計算方法の詳細は割愛しますが、相関係数はマイナス1~1の間の数値を取り、1に近いほど正の相関、マイナス1に近いほど負の相関が強いことを意味します。慣れないと難しく感じますが、エクセルなどの表計算ソフトでも簡単に計算することができるので、この機会に勉強してみることをお勧めします。

労働時間とストレスとの関連をチェックしてみる

労働時間の管理は、安全衛生活動の最重要課題であるとともに、比較的数値化しやすいデータです。まずは残業時間と集団分析の各指標との相関を確認してみましょう。個別の指標だけではなく、仕事のストレス判定図から導き出せる総合健康リスクとの関係性を見ることも有用です（図表「仕事のストレス判定図」（42頁）参照）。例えば「残業時間の長い職場では、総合健康リスクが高く、メンタルヘルス不調者が発生しやすい状況である」という結果がわかれば、経営者や管理職が危機感を持って残業削減に取り組むきっかけになります。

また、同じ職場内で年度ごとの変化を調べることで、「残業削減の取り組みが職場のストレス改善に有効だったか確認する」といった使い方も有用です。

こういった解析を前提に、本ケースで言えば「工期末に業務が集中しないよう、適切な事業計画を練る」「一時的な長時間労働が避けられなくても、その後にしっかり代休を取得してもらう」など、全体としては忙しい状況であっても従業員が前向きな気持ちで乗り越えられるような工夫を考えてみましょう。

意見2「環境変化が原因では？」

実施事務従事者　環境変化との関連では、異動後や、単身赴任中の従業員で気になる結果が出ています。これらについてはどのように考えられるでしょうか？

従業員Bさん　異動直後の従業員はストレス反応の得点が良くないですね。私も経験がありますが、新しい部署に異動した当初は仕事の回し方がわからなかったり周囲に気を使うことが多く、なんとなく疲れがちになりますね。

実施事務従事者　それに当社では、工事現場の関係で、数ヶ月～数年単位で単身赴任する従業員が少なくありません。家族や友人からのサポートが得られない分、ストレスがかかりやすい状況が懸念されますし、一人暮らしでは生活習慣も乱れがちです。メンタルサポートや適切なストレス対処を促すため、会社としてどんな対応ができるか考えてみましょう。

◉ここがポイント

個人情報を解析する担当者を決める

ストレスチェック結果を、「異動の有無」「昇進や役職定年などの役職の変化」といった個々人の労務関連情報と組み合わせて活用する場合は、個人情報の問題には十分に注意する必要があります。通常、労務関連情報は労務担当者などしかアクセスできない一方、個別のストレスチェック結果は、原則として産業医や実施事務従事者など、ストレスチェック実施規定に明示された担当者しか確認できません。労務担当者が実施事務従事者を兼任している会社が多いと思いますが、別に置いている場合は、どのように個人情報を保護しつつ詳細な解析を行うのか、よく検討する必要があります。

様々な切り分けで、従業員のストレス状況を明らかにする

集団分析では「性別」「職場別」などの切り分けが一般的です。しかし個別データを活用する場合は、それ以外にも様々な分け方が考えられます。例えば「単身赴任者の〔家族のサポート〕得点を確認する」「異動や昇進などがあった従業員で〔仕事の量的負担〕〔仕事のコントロール〕〔同僚の支援〕得点の変化を確認する」などはすぐに思いつけますし、職場改善活動のフォーカスを絞る上でも大切です。もちろん個人情報保護のため、解析担当者を限定したり10名程度の集団でまとめる必要はありますが、職場や会社のストレス状況を具体的にイメージしつつ、切り分け方を柔軟に工夫してみましょう。

◉職場改善活動のヒント

社内に実施事務従事者を置く

個人のストレスチェック結果を確認できるのは実施事務従事者などのストレスチェック制度で決められた担当者と産業医に限定されます。多くの会社ではストレスチェックを外部委託しており、「個人情報に触れたくない」などの理由で社内に実施事務従事者がいないことも多いでしょう。しかし、社外の委託機関の担当者にストレスチェックに関係しない人事情報を伝えるわけにはいきませんし、常勤の産業医や保健師に協力してもらえるような大企業でなければ、産業衛生スタッフに集団分析の詳細な解析を手伝ってもらうのも困難です。

その一方で、人事権を有する従業員（人事部長など）は実施事務従事者になることができません。結論としては、普段健康情報を管理している労務担当者に実施事務従事者になってもらうのがベストです。社内に実施事務従事者を置くことにより、初めて個別の健康・労務データとストレスチェック結果を擦り合わせた解析が可能になります。

解析結果から対策を検討する

健康・労務データとストレスチェック結果の関連が見つかったら、結果を解釈して職場改善活動を考えることが次のステップです。ただ、不確かな解釈に基づいて性急に職場改善活動を進めると失敗する可能性が高くなってしまいます。必要に応じて従業員への聞き取り調査なども実施し、正しい解釈と効果的な職場改善活動を考えてみましょう。

〈課題と職場改善活動の例〉

集団分析結果：単身赴任者では〔仕事の量的負担〕が高く、〔家族・友人からのサポート〕が低い傾向があった。

結果の解釈：単身赴任者は家族や友人などの社外のサポートを受ける機会が少なく、ストレスを緩和する機会が減りがちなのではないか。また、他にやることがないため遅くまで家に帰らず、残業が長引いている可能性もある。

職場改善活動：まず隠れ残業、持ち帰り残業などがないか確認する。また、職場内で休日対応の担当者を決め、休日に突発的な仕事が入らないようにすることで、単身赴任者が自宅に戻り家族と過ごす時間を確保できるようサポートを行う。さらに、この解析結果を経営者や管理職にも共有することを通じ、できるだけ単身赴任が減るように労務調整する。

意見③「人事データと紐付けて分析できる？」

従業員Cさん　他にはどのような要素がストレスの原因になるでしょうか？例えば昇進の有無や人事評価の変化、上司の異動などもストレスに関係する可能性がありそうですね。

実施事務従事者　そうですね。ただ、あまり細かなデータと紐付けて解析することは、個人情報保護との兼ね合いで慎重に対処する必要がありそうです。職場改善には従業員の協力が必須ですから、信頼される調査方法であることが何よりも重要です。

◉ここがポイント

従業員の不安を理解し、払拭するよう心がける

集団分析や職場改善活動に熱心な担当者ほど、「個人情報保護について従業員が不安に感じている」ことを忘れがちです。例えば、高ストレス者判定を受けた従業員のうち1割以下しか産業医面接を希望しない会社が大半ですが、これも従業員が持つ不安の表れの一つでしょう。

ストレスチェック制度は個人情報保護を極めて重視した制度です。それを従業員に理解してもらい、会社が悪用しないことをしっかり伝えた上で、集団分析と職場改善活動を進めることが大切です。

◉職場改善活動のヒント

ストレスチェック制度について理解を促す

ストレスチェックは法律上個人情報保護に関する様々な規制があるので、それを会社がしっかり守っている限りは、従業員が不利益を受けることはありません。以下のような従業員保護規定の内容と、会社が制度を遵守していることについて、毎年しっかり周知するようにしましょう。

〈ストレスチェックに係る主な従業員保護規定〉

- ストレスチェックに関する個人情報は産業医や実施事務従事者など特定の担当者しか見ることができず、会社は把握できない

・個人情報を取り扱う担当者には守秘義務が課されている
・受検の有無や結果を理由とした不利益取り扱いは、法律上禁止されている
・集団分析は一定の人数をまとめて集計し、個人情報がわからない形で分析を行っている

毎年衛生委員会で進め方を議論する

労務担当者だけでストレスチェックや集団分析の進め方について決めてしまうのでは、制度に対する従業員の信頼感は高まりません。厚生労働省のガイドラインでも、毎年衛生委員会でストレスチェックの詳細について話し合うことが求められています。

衛生委員会の場で従業員代表の意見を聞いて社内のストレスチェック実施規定に反映することで、従業員の信頼感が高まりますし、担当者には思いつかない斬新な意見が出てくるかもしれません。また、以下のような様々な解析にチャレンジすることを提案してみるのもよいでしょう。ただし個人情報が関わる部分は実施事務従事者などが担当し、10名以上の集団単位で分析を実施することが大前提です。

〈様々なデータを関連付けた解析の例〉

・中間管理職に昇進した従業員だけを切り分けて、マネジメントの負担がストレスにつな

がっていないか確認し、サポート方法を検討する

- メンタルヘルス不調で休職してしまった従業員の直前のストレスチェック結果を確認し、特定の傾向の有無や、今後の対策について検討する
- 中途退社した従業員のストレスチェック結果をまとめ、職場のどこに不満を感じる傾向があったのかを確認し、職場改善に生かす

意見4「ストレスと体重の関係は?」

従業員Dさん　高ストレス者は体重増加があった人が多いようですが、「ストレスがかかっている人は過食しやすい」ということでしょうか?

実施事務従事者　その可能性はありますが、逆に体重が増えたこと自体がストレスにつながっているのかもしれませんね。

Dさん　いずれにせよ、肥満による生活習慣病と高ストレス状態が重なると、従業員の健康に大きな悪影響が出るのではないでしょうか。スポーツを勧めるなどの働きかけができれば、ダイエットにもストレス解消にもつながりそうですね。

◉ここがポイント

「関連」と「因果関係」の違いを理解する

「AとBに関連がある」からといって、「A（B）がB（A）の原因である（＝因果関係がある）」とは限りません。例えば、「英語の成績が良い人は数学も成績が良い」という関連はよく見かけますが、英語と数学の能力の間に直接の因果関係があるわけではありません。これは「地頭の良さ」「努力できる性格」などが両方に関わっている、と考えるのが一般的です。同様に、ストレスチェック結果と健康指標に関係があった場合でも、安易に因果関係を断定せず様々な解釈を考えてみましょう。

健康増進活動をストレス軽減につなげる

「ストレスの少ない職場を作る」という職場改善活動は、総論ではほとんどの人が賛成しますが、実際に取り組もうとすると「仕事が忙しいので無理」「職場の雰囲気が悪いのは○○さんのせいだ」といった後ろ向きな話になりがちです。一方で「食事や運動の習慣を改善する取り組みを考えましょう」「みんなで運動して職場の肥満率を○％下げましょう」といった健康改善施策なら、多くの従業員が受け入れやすいものです。ストレスと関連する健康指標を把握することにより、前向きに参加してもらえる職場改善活動を考えてみましょう。

◉職場改善活動のヒント

柔軟に結果を解釈し、効果的な職場改善活動を検討する

データの関連が見つかったら、「なぜこれらが関係しているのか」について議論しましょう。この際、一つの解釈にこだわる必要はありません。柔軟に複数の解釈を考えた上で、他のデータも見比べながら「どれが最も当てはまりそうか」議論してください。一つに決まらなければ、複数の対策を同時に進めていくのもよいでしょう。

〈例〉「〔仕事の量的負担〕得点が高い従業員は、血圧も高い傾向があった」場合の結果の解釈と職場改善活動

結果の解釈①：土日も出勤している従業員はプライベートの時間が確保できず、運動習慣を身につけることができない。

職場改善活動①：メンバー全員が週休2日を確保できるように業務分担を見直す。社内で登山やテニスなどのスポーツサークルを立ち上げる。

結果の解釈②：仕事の負担を強く感じている人は精神的にイライラしがちであり、血圧が高くなりやすい傾向がある。

職場改善活動②：無駄な会議や優先順位の低い資料作成を減らせないか管理職とも相談し、メンバーの「負担感」の軽減を図る。

結果の解釈③：年齢層が高い（＝血圧が高い人が多い）管理職に仕事の負担が集中している。

職場改善活動③：管理職に負担が集中しないよう、マネジメントと実作業を適切に切り分ける。人手が足りない場合は適正な人員配置について経営層にも働きかける。

健康へのインセンティブを高める施策を考える

「心身相関」という言葉があるように、心と体の問題は密接に関わっています。例えば長時間労働に伴う脳心臓血管疾患には、ストレスが原因の血圧上昇が関わっていると言われています。また糖尿病患者や喫煙者は、健康な人に比べてうつ病などのメンタルヘルス不調を有する人が多い、といったデータもあります。

これは、「ストレスを減らすことで従業員を健康にする」ことができるだけではなく、逆に

「従業員に健康になってもらうことでストレス耐性を高める」ことも可能であることを示唆しています。また従業員の立場から見れば、「ストレス度が高いようなので注意してください」と言われてもピンと来にくいですが、「ストレスがかかって体重が増えているかもしれません」「健康な体を作ることでストレスにも強くなれます」というアプローチであれば、改善意欲が高まることが期待できます。

まずは従業員自身に「健康な食生活」「適切な運動習慣」「十分な睡眠」「節酒」「禁煙」といった健康な生活習慣を身に付けてもらうことが大切ですが、健康管理に消極的な人は少なくありませんし、周囲のサポートがあった方が頑張りやすいものです。ストレスに関連することが明らかになっている生活習慣については、会社として以下のような改善施策を支援してもらえないか、働きかけてみましょう。

〈生活習慣の改善対策の例〉

- 食生活の改善：朝食摂取を励行する、社員食堂のメニューを見直す、残業を減らして夕食を早めにとってもらう
- 運動習慣の改善：職場でストレッチをする時間を作る、スポーツジムの会費を補助する、社内報にスポーツに取り組んでいる従業員のインタビューを載せる

・睡眠の改善：「寝る直前にスマホをいじらない」「休日に生活のリズムを崩さないようにする」などの睡眠衛生指導を行う、残業を減らして睡眠時間を確保してもらう
・節酒や禁煙：お酒やタバコの健康問題について教育する、会社の宴会で飲み過ぎないよう注意を促す、喫煙室を撤去する、禁煙外来の費用補助を行う

意見5「職場改善活動の具体的な進め方は？」

従業員Eさん　この話し合いにより、会社の問題点がかなり明らかになってきましたね。今後の進め方としては、本ワーキンググループで話し合った内容をまとめ、取締役会や経営会議で具合的な改善活動について検討してもらうのがよいでしょうか。

実施事務従事者　それも一案ですが、まずは職場でもできることからボトムアップの職場改善活動を始めることが重要だと思います。我々が本気で職場改善に取り組んでいる姿勢を見せれば、会社全体が変わるきっかけになるのではないでしょうか。

◉ここがポイント

展開方法を考える

ワーキンググループで問題点が明らかになったら、次は「誰に」「何を」「どのように」展開するか考えてみましょう。例えば人手不足で職場が疲弊しているような状態なら、経営者に状況を知ってもらい、人員補充などを検討してもらう必要があります。〔上司の支援〕項目の得点が低いなら、マネジメント方法を見直すきっかけにしてもらうよう、当該部署の管理職にうまく伝える方法を考えてみることが大切でしょう。

まずはボトムアップで動いてみる

ただ、経営者にしても管理職にしても、「人手を増やしてほしい」「〇〇を改善してほしい」と伝えるだけではなかなか動いてくれません。まずは話し合った結果を職場内で共有し、ボトムアップの職場改善活動を始めてみましょう。若手や部下が頑張っている姿を見せれば、会社全体でも環境改善への機運が高まり、トップダウンの取り組みも進みやすくなるはずです。

◉職場改善活動のヒント

職場で集団分析結果を共有する

まずワーキンググループで話し合った結果を、職場内の全従業員に共有しましょう。メールなどで周知しても読まない人が多いので、「チームミーティングの際に話し合いの場を持つ」「ワーキンググループを複数回実施する」などの工夫で、できるだけ多くの従業員に直接関わってもらうことが大切です。また、途中で新しい意見が出てきた場合にもしっかり尊重することや、派遣社員など立場の違う従業員の意見も吸い上げることで、「私には関係ない」「仲間外れにされている」といった感覚を持つメンバーを作らないことが重要です。

ボトムアップの職場改善活動を進める

職場内で問題意識を共有できたら、具体的な職場改善活動を始めましょう。この点、ボトムアップの職場改善活動では使えるリソースがあまり多くないのが一般的です（「人員を増やす」などの対応は経営者が関わらないと難しいでしょう）。それでも小さな取り組みを積み上げることで職場の意識は確実に変わりますし、会社全体としてより大きな職場改善活動を行うきっかけにもなります。「サークル活動やスポーツイベントなどを通じて運動を励行する」「職場内の喫煙者同士で一緒に禁煙に取り組む」「15時以降に会議は設定しないなどのルールを決める」など、各職場に合った方法を考えてみましょう。

その後の経過

ワーキンググループを何度か開催して従業員の意見を吸い上げるとともに、ミーティングなどの場を通じて全従業員に集団分析結果を伝え、ストレスと健康管理との関係や、職場改善活動の必要性を理解してもらいました。その上で、今年度の職場改善は「残業削減」と「メタボ予防」を目標にすることに決め、「繁忙期後の代休取得日を先に決めておく」「食事や運動習慣の重要性について勉強会を開き、職場で共有する」といった取り組みを始めました。当初は集団分析に懐疑的だった従業員も、分析結果を具体的な職場改善活動に落とし込むようになると、その多くが前向きに関わってくれるようになりました。

また若手従業員を中心としたボトムアップの取り組みを見た経営者が健康増進施策の重要性を認識するようになり、来年度から工事受注の平準化やスポーツジムの費用補助などの施策を検討しています。

まとめ

集団分析結果だけを眺めても職場の問題点を明確にするのは難しいですし、「ストレスチェックで○○がよくありませんでした」といった情報のみでは、多くの従業員に積極的に職場改善活動に参加してもらうきっかけとして不十分であることが少なくありません。ある程度の統計的な知識も必要ですが、集団分析結果を会社が利用できる様々な健康関連データと組み合わせて分析することで、従業員にイメージしやすく、前向きな職場改善活動の動機付けにつながる仕組みを考えてみてください。

また職場改善はトップダウンだけでもボトムアップだけでもうまくいきません。「うちの会社は従業員のことを大切にしてくれない」と不満を言っても仕方ないので、まずは各職場で小さなところでも改善すべき点を見つけて実行し、会社全体の取り組みにつなげていく意識を持つことが大切です。

Case 5

ワーク・エンゲイジメントやストレス耐性の指標を活用したU社の事例
～ポジティブ指標を用いた職場改善活動～

U社では外部委託機関に依頼し、ワーク・エンゲイジメントやストレス耐性などのポジティブ指標を測定できる調査票を用いてストレスチェックを実施しました。その結果、ストレス要因やストレス反応といった、一般的なストレス項目だけではなく、ポジティブ指標も各職場や従業員属性によって大きく異なることがわかりました。委託機関のコンサルタントから労務担当者に結果を報告してもらい、今後の対応を検討することになりました。

U社の状況

- 業　種：小売業（店舗を全国展開している）
- 従業員数：3000名
- 特　徴：従業員は店舗所属の比較的若い女性販売員が中心。早期退職者が多く、採用を進めても追いつかず困っている。全国の店舗の労務管理を本社に集約して行っている。

●集団分析結果：

（仕事のストレス判定図）

・【仕事の量的負担】や【上司の支援】に問題がある店舗が散見された。

（特記事項）

・ワーク・エンゲイジメントとストレス反応のマトリックスでは、いくつかの店舗で「燃え尽き注意状態」や「へとへと状態」に分類されていた。

・一方で本社の間接部門は、「マイペース状態」に分類されている。

・店舗ごとにワーク・エンゲイジメントの各指標の結果が異なっている。

・若手従業員にストレス耐性が低い傾向が認められた。

●問題意識：

・各店舗の労務対応を適切に改善し、早期退職を防止したい。

・ワーク・エンゲイジメントを高め、職場の生産性向上につなげたい。

●会議出席者：外部委託機関のコンサルタント、取締役Aさん、人事部長Bさん、労務担当者（Cさん、Dさん、Eさん）

※本事例に記載のワーク・エンゲイジメントに関する分類・指標は、アドバンテッジ社の調査票に準拠します。

意見１「ワーク・エンゲイジメント以前の問題があるのでは？」

取締役Aさん　人手不足の折、従業員の愛社意識を高め、早期退職者を減らす取り組みを行いたいと考えています。集団分析結果を見ると、仕事の負担感や上司との関係で悩んでいる従業員が多い職場もあるようですね。

コンサルタント　長時間労働やパワハラなどが背後にないか懸念されます。こうした問題は、労災などのトラブルにつながるだけではなく、従業員のワーク・エンゲイジメントを大きく低下させることが知られています。前向きな職場改善活動を行う前に、まずは適正な労務管理ができているかチェックする必要がありますね。

◉ここがポイント

まずは労務管理に問題がないか確認する

長時間労働やハラスメントなどの問題を放置していては、「ワーク・エンゲイジメントを改善して生産性向上に取り組む」という方向付けは正しくても、結局正しい職場改善活動につながりません。また当然ながら、これらの不適切な労務管理はワーク・エンゲイジメントの低下にもつながります。これまでに見てきた事例と同じように、まずは自社全体、各職場の労務管理に問題がないかチェックするところからスタートしましょう。

◉職場改善活動のヒント

職場の良い部分と要改善点を一緒に伝える

長時間労働やパワハラなどの労務問題の具体的な改善策については、これまでの事例を参照ください（70頁〈労働時間削減に向けた施策の例〉、本章**ケース1意見2**（144頁）、**ケース3意見3**（197頁）など）。本件ではワーク・エンゲイジメントを含めた様々なポジティブ指標を調べているので、それらをうまく組み合わせることで管理職や職場が受け入れやすい伝え方を工夫してみましょう。

ポイントは、「職場やマネジメントの良い部分を強調した上で、最後に改善してほしい点を指摘する」ということです。こうすることで、職場をより良くするために頑張ろうという意識が働き、前向きな職場改善活動につながりやすくなります。

例えば［上司の支援］項目の得点が低い職場の管理職に改善を促す際には、以下のように話してみましょう。

「ワーク・エンゲイジメント指標を見てみると、〔仕事のやりがい〕〔役割・責任の理解〕〔目標と役割の指示〕など、いくつかの指標は会社平均を上回っています。仕事の目標をわかりやすく設定し、部下の前向きなやる気を引き出せているようですね。一方で、〔上司の支援〕項目の得点が比較的低く、『上司にもっと助けてほしい』と感じている部下も少なからずいるようです。こういった部下に対してどのようなサポートができるか考えてみてください。」

意見2「どこから手をつければいい？」

人事部長Bさん　ワーク・エンゲイジメントに関する様々な指標が算出されているのは良いのですが、どこから手をつければいいかわかりません。

コンサルタント　まずはストレス反応とワーク・エンゲイジメントのマトリックスを見て、課題のある職場がないか調べましょう。何か気が付いた点はありますか？

Bさん　一部の店舗が「へとへと状態」「燃え尽き状態」に分類されています。このような傾向が早期退職者が多いことと関連しているなら、早急な対応が必要ですね。

◉ここがポイント

各職場の「ワーク・エンゲイジメント×ストレス反応図」を確認する

「仕事のストレス判定図」がストレスの原因を推測するのに役立つのに対し、「ワーク・エンゲイジメント×ストレス反応図」のマトリックス（１０３頁参照）は、職場が現在置かれているストレス状況をわかりやすく図示することができます。これにより、今すぐ介入が必要な職場が明らかになり、早期介入のきっかけが得られます。

特にストレス反応とワーク・エンゲイジメントが低い「へとへと状態」の職場は、従業員のストレスが高い上に、やる気も低下してしまっている状態であり、放置しておくと「退職者が出る→より職場の環境が悪化する（業績も下がる）→さらに退職者が出る」という悪循環にはまってしまいます。

また「燃え尽き注意状態」の職場は、まだワーク・エンゲイジメントは保たれているものの、心身に負担を感じている従業員が多い職場であり、このままではやる気も保てなくなり「へとへと状態」に移行してしまう可能性が高いと判断できます。これらの職場では、急いで具体的な職場改善活動を考える必要があります。

◉職場改善活動のヒント

取り組むべき職場を決める

全社を挙げて職場改善活動を行うためには、多くのリソースが必要です。また、現時点の職場環境の良し悪しによっても職場改善によるメリットは大きく異なるでしょう。そのため、まずは改善活動に取り組む職場の優先順位を決めましょう。

単純にマトリックスごとに分ければ、優先順位は「へとへと状態＞燃え尽き状態＞マイペース状態＞いきいき状態」となりますが、これに以下のような各職場の特徴も加味して考えてみましょう。

〈優先順位を検討する際の要件〉（該当項目が多いほど、優先順位が上がる）

- 職場改善活動に熱心に取り組んでくれる管理職や従業員がいるか
- 職場改善活動につぎ込める人的・時間的リソースがあるか
- 職場の規模などから、一定の改善効果が見込めるか
- 他の職場の模範になることが期待できるか
- 退職者の多発など、既に労務問題が発生しているか

もちろん「やる気のない職場に介入しなくてもよい」というわけではありません。しかし、まずは職場改善活動の成功事例を作って周囲に広げていくことが、経営者から従業員まで多くの人を巻き込んで職場改善を進めていくために重要なステップになります。

情報の伝え方を考える

取り組むべき職場の人たちには、集団分析結果を伝える必要がありますが、伝え方には気をつけましょう。例えば、いきなり管理職や従業員に「あなたの職場は『へとへと状態』なので改善してください」と伝えたらどうなるでしょうか。「そんなことは言われなくてもわかっている」「我々が悪いわけではない」と反発されるだけで終わってしまう可能性もあります。

ワーク・エンゲイジメントを利用したマトリックスからわかることは、「従業員のストレスが高い」「前向きな気持ちが落ちている」という結果だけであり、その原因を知るためには他のデータも活用する必要があります。

同時に、情報の受け手側の気持ちに共感し、会社のサポートを約束することを通じて、前向きに職場改善を進められるような集団分析結果の伝え方を考えてみましょう。例えば、職場改善を促す際、対象部署には次のように話してみましょう。

「この職場のストレスチェック結果を分析したところ、従業員が仕事量の負担や職場の閉塞感にストレスを感じており、体調の悪い人ややる気が落ちている人が多い傾向が見て取れました。多忙な中で皆さんが頑張っている証だと思いますが、このままでは休職者や退職者が出たり、職場全体の生産性が低下する恐れがあります。我々も協力するので、職場のどこに課題があり、どうすれば改善できるか、一緒に考えてみましょう。」

意見3「もっと細かく特徴を知りたい」

労務担当者Cさん　まず「へとへと状態」の店舗から職場改善活動を実施したいと思いますが、もう少し詳しい特徴を抽出できないでしょうか?

コンサルタント　ワーク・エンゲイジメントの個別指標についても確認してみましょう。例えば、店舗1では〔仕事の裁量〕〔役割・責任の理解〕〔目標と役割の指示〕の得点が低く、店舗2は〔同僚への信頼〕〔働きがい〕〔会社との適合感〕の得点が低い傾向があります。

Cさん　なるほど、店舗1は従業員が業務を十分理解できていないこと、店舗2は仕事のミスマッチや職場の雰囲気が心配ですね。

◉ここがポイント

詳細な特徴を抽出する

職場改善活動を行う上では、「ストレス反応を減らす方法」と、「ワーク・エンゲイジメントを高める方法」を切り分けて考えてみることが有用です。前者は、その職場で問題となっている労務上の問題を減らす・解決することであり、これまでのケーススタディでも様々な工夫について説明してきました。

後者は、「職場の良い部分を作ったり伸ばしたりすることを通じ、ストレスを減らしていこう」という考え方です。その際はワーク・エンゲイジメントの各指標を確認し、例えば「この職場の従業員は働きがいを強く感じている一方で、評価にはあまり納得していないようだ」といった特徴を抽出しましょう。職場の現状について十分なイメージを持った上で、従業員が真に希望する改善施策を見つけることが大切です。

◉職場改善活動のヒント

特徴を理解し改善策を考える

仮に結果としては同じ「へとへと状態」であっても、各指標の得点は職場ごとに大きく異なることが珍しくありません。よって職場の置かれた状況なども考えながら個別に対策を検討する必要があります。一例として本ケースのような結果が出た場合の解釈と職場改善策について具体的に考えてみましょう。

▼店舗1の場合

集団分析結果：〔仕事の裁量〕〔役割・責任の理解〕〔目標と役割の指示〕指標が低値

結果の解釈：従業員が職場での自分の役割や、職場全体の目標をうまく理解することができていない。どこに向かって仕事を進めればよいかわからないので「やらされ感」が強くなり、惰性で言われたことだけやっている状態。モチベーションが高まらないことが退職者増加につながっている恐れもある。

職場改善活動：

- 朝礼や個別面接などを通じ、管理職が部署や会社の目標、方向性についてしっかり伝える
- 基本的な業務についてはマニュアル化し、誰もが自分の役割を理解しやすいようにする
- 若手や異動直後の従業員に対しては、管理職やメンターがサポートを強化する
- 上司以外にもマネジメントをサポートするリーダー職を設定する

▼店舗2の場合

集団分析結果：〔同僚への信頼〕〔働きがい〕〔会社との適合感〕指標が低値
結果の解釈：従業員同士の関係性がいまいちで、仕事が楽しいと感じられず、労働による自己成長も自覚しにくい。「自分にはもっと合う会社があるのではないか」と感じている従業員が多く、ちょっとしたきっかけで退職者が増えてしまう。
職場改善活動：
- キャリアの悩みなどを管理職やメンターに相談できる機会を作る
- 他の人の仕事を手伝った従業員を表彰したり、お互いの良いところを探して褒め合う機会を作るなど、コミュニケーション改善を目標とした制度を導入する
- 明らかに相性の悪い従業員がいる場合は、席やシフトなどを調整することで当人同士が顔を合わせずに済むようにする
- 資格取得に補助を出し、キャリアアップをサポートする
- 161頁〈従業員同士の交流を深める施策例〉に取り組む

良好職場の取り組みを共有する

ストレス反応やワーク・エンゲイジメント指標が良くない職場の改善活動は非常に重要で

すが、それと同じくらい「ストレス状況が良好な職場（「いきいき状態」の職場）で行われている工夫を共有する」ということも大切です。

「いきいき状態」の職場では、管理職や従業員が様々な工夫をしていることが多いのですが、やっている本人は強みに気が付いていない、ということが少なくありません。工夫を確認することにより「いきいき状態」職場の従業員のセルフ・エスティーム（自尊心）は高まりますし、悪い結果よりも良い結果の方がトラブルなく共有・展開することが期待できます。

１４６頁〈ワーク・ライフ・バランス実現のための工夫例〉や１６１頁〈従業員同士の交流を深める施策例〉、２０１頁〈マネジメント改善策の例〉のような取り組みについて、積極的に共有しましょう。

意見４「ストレスが少ないのは良いことでは？」

労務担当者Ｄさん　一方で本社は「マイペース状態」に分類されていますね。ワーク・エンゲイジメントが低くてもストレス反応も低いなら問題ないようにも思えます。

コンサルタント　ストレスが少ないのは悪いことではありませんが、ワーク・エンゲイジメントの低さは労働生産性やモチベーションの低下、さらには離職にもつながり得ると言われています。

◉ここがポイント

ストレス反応の低い「マイペース状態」職場にも注意する

ワーク・エンゲイジメントが低いものの、ストレス反応も低い「マイペース状態」職場は、仕事のストレス判定図や高ストレス者割合などのデータにも大きな問題がないことが多く、通常の集団分析では「対処する必要のない職場」と判定されがちです。

しかし、ワーク・エンゲイジメントが低いということは、言い換えれば「従業員がやりがいを感じていない」「愛社精神を持てていない」職場ということです。そういった職場では、当然労働生産性が低下しがちですし、少し仕事が忙しくなっただけで不満が高まりがちです。さらに、他の部署の従業員が「自分たちより仕事が少ない部署があるのは不公平だ」などと感じてしまうと、彼らのワーク・エンゲイジメントまで低下しかねない点も問題です。

ストレス反応の高い職場だけではなく、「マイペース状態」職場にも何らかの問題が隠れていないか検討してみましょう。

◉職場改善活動のヒント

ワーク・エンゲイジメントの低い理由を考える

ストレス反応が低いということは、従業員自身は体調不良を自覚していないということです。それにもかかわらずワーク・エンゲイジメントが低下しているということは、前向きに仕事をしたいと思えないような、何らかの問題が隠れている可能性が高いと想定されます。従業員一人ひとりの顔や職場の雰囲気を思い出しながら、職場全体が後ろ向きな雰囲気になってしまっている原因を考えてみましょう。

〈低ストレス、低ワーク・エンゲイジメントになりやすい従業員の例〉

- ルーティンワーク中心で仕事の面白さが理解できず、やりがいを感じない
- 仕事への頑張りが評価につながっている実感がない
- 趣味や家庭中心の生活で、「仕事はお金を稼ぐためのもの」と割り切っている
- 上司や同僚と親しくなく、「職場の人と力を合わせて頑張る」という意欲がわかない

ワーク・エンゲイジメントを高める方法を工夫する

理由を思いついたら、次は改善するための対策を考えます。もちろん従業員本人の価値観

として仕事へのモチベーションが低い場合もあり、職場の全ての従業員にやる気を出してもらうことは困難です。しかし、たとえ一部の従業員であってもワーク・エンゲイジメントが改善すれば、職場の雰囲気が良くなり職場の生産性向上・退職率減少などが期待できます。

ワーク・エンゲイジメント改善のための施策としては、106頁〈ワーク・エンゲイジメントを高めるための工夫〉、161頁〈従業員同士の交流を深める施策例〉、201頁〈マネジメント改善策の例〉を参考にしてください。

意見5 「ストレス耐性が低いのは個人の問題？」

労務担当者Eさん　20～30代の若手従業員のストレス耐性が低めに出ていますね。若い人は厳しい経験をしていないのでストレスに弱い、ということでしょうか？

コンサルタント　そうとも言えません。ストレス耐性は個々人によって大きく異なりますが、集団としての傾向に表れているなら、職場の問題が影響している可能性があります。

Eさん　「本人だけの問題ではなく、職場のマネジメント不全で若手のストレス耐性が落ちている」ということでしょうか。早期退職者を防ぎ職場を活性化するために、ストレス耐性を高めるアプローチを考えることも大切ですね。

◉ここがポイント

「ストレス耐性＝個人の問題」に収束しない

ストレス耐性とは、物事の捉え方やストレス解消行動の有無など、本人の認知（考え方）や行動に関連したストレスに対する強さを示したものです（コラム３（１０７頁）参照）。ストレス耐性が高い人ほど、同じようなストレス状況に陥っても上手に対処しやすくなります。

例えば、「職場で上司に挨拶をしたが、返事をしてもらえなかった」という場面を考えてみましょう。同じ状況でも、ストレス耐性に関係する認知や行動の違いにより、その後の経過が大きく変わってきます。

〈ストレス耐性が低い人の場合〉

認知：「私のことを、『挨拶をする価値もない』と思っているのでは」「私のミスで機嫌が悪く、後で怒られるのでは」
行動：上司のことが気になって仕事に集中できない、上司を避けて仕事をする
結果：気持ちの落ち込み、やる気や生産性の低下

〈ストレス耐性が高い人の場合〉

認知：「単に気が付かなかっただけだろう」「今日は忙しくて挨拶する余裕がないのかもしれない」

行動：気にせず自分の仕事に集中する、上司に何かサポートできることがないか尋ねる

結果：前向きな気分、上司とのコミュニケーション向上

このように、ストレス耐性は個々人によって大きく異なるものではありますが、集団としてストレス耐性が低い職場や属性があった場合は、「職場や属性にストレス耐性を低下させる共通の理由がある」ことを示唆しています。

「最近の若い人はメンタルが弱い」などと思考停止するのではなく、集団全体のストレス耐性が低い理由を考え、改善策を考えてみましょう。

◉職場改善活動のヒント

ストレス耐性が低下している理由を考える

もともと前向きでストレス耐性の高い人でも、嫌なことが続くと気持ちが後ろ向きになり、

ストレス耐性が下がってしまいます。皆さんも「財布を落とした」「車をこすってしまった」「仕事のミスで上司に怒られた」といったことが重なった際に、悪いことしか考えられないような状態になったことがあるかもしれません。

使用する調査票によっては、集団分析で〔仕事への自信〕〔問題解決行動〕〔出来事を重く受け止める傾向〕など、具体的にストレス耐性の良いところ・悪いところを算出できるものもあります。これらも参考にしながら、特定の職場や集団についてストレス耐性を低下させる会社側の要因がないか考えてみましょう。

〈ストレス耐性を低下させる状況の例〉

- 十分な指導を受けていないため、どのように仕事を進めればいいかわからない
- 長時間の残業で睡眠不足になり、ミスを繰り返してしまう
- 寒さ、暑さ、騒音、受動喫煙など職場環境が良くない
- 上司や先輩と話す機会が少なく、相談相手がいない
- 過大な目標設定に対して萎縮してしまう
- 仕事のストレスを、過食や喫煙、飲酒など不適切な生活習慣で解消しようとする

ストレス耐性を高める工夫を考える

多くのケースでは、職場環境が改善すれば自然と集団のストレス耐性は回復します。よって、まずは各職場の問題点を把握した上で、これまでの事例検討で挙げたような職場環境改善施策を行うことが大切です。その上で余裕があれば、ストレス耐性を向上させるための施策も検討してみましょう。

〈ストレス耐性を向上させるための施策の例〉

- ストレスへの理解を深め対処法を学ぶために「セルフケア研修」を実施する
- 適切なストレス対処行動を促す（＋不適切な対処行動を防ぐ）ため、スポーツジムの会費や禁煙外来通院費用について補助を行う
- サポーターを増やして客観的に自分を見つめ直す機会を作るため、メンター制度やＥＡＰ（従業員支援プログラム）の電話カウンセリングサービスを導入する
- 心身の健康を通じてストレス耐性を高めるため、食事や睡眠に関する健康セミナーを開催し、定期健診や二次検診、特定保健指導などの健康管理施策も必ず受けてもらうよう働きかける

その後の経過

まずは「へとへと状態」に分類された2つの店舗から職場改善活動を実施することにしました。店舗1はアルバイトが多く、店長が十分にマネジメントできていなかったことがわかったので、従業員の一部をリーダー職に登用することでマネジメントの強化を図りました。

また店舗2ではシフトが固定化しているため従業員同士の交流が少なく、自分の仕事を淡々と行うだけであり、職場の一体感や自己成長が感じられにくい傾向があることがわかりました。これを改善するため、従業員の希望を聞きながらシフトを適正化し、定期的に管理職と一緒にキャリアアップを考える機会を作るようにしました。

同時に、ワーク・エンゲイジメントが良好だった店舗を表彰し、スポーツ大会開催や360度評価などの取り組みについて聞き取り調査を行い、良い工夫については全社で共有しました。

その結果、翌年の店舗1と店舗2のワーク・エンゲイジメントは大きく改善し、高ストレス者も減ったことが確認できました。

さらに「マイペース状態」に分類された本社についても、現場との人事交流を増やしたり評価基準を明確化するなど、ワーク・エンゲイジメントを高めるための工夫を始めました。

今後は「燃え尽き状態」に分類された店舗を中心に、今回アプローチできなかった他店舗に同様の取り組みを展開することにしています。

まとめ

本事例で示したようなワーク・エンゲイジメント指標を測定する外部委託機関も徐々に増えていますが、皆さんはその結果を集団分析で十分に活用できているでしょうか。

ストレスチェックは「従業員本人の（ストレスへの）気付きの促し」を主目的として作られた制度であり、集団分析は制度上付随的なものに位置付けられています。しかし、職場のストレスを減らすためには職場改善活動が必須ですし、ワーク・エンゲイジメントは、受検した従業員自身よりも、むしろ集団分析と職場改善活動に役立つ指標です。

厚生労働省推奨の職業性ストレス簡易調査票を用いたストレスチェックでは職場の問題点がはっきりわからなかった会社でも、より詳しくストレス関連因子を調べられる設問を加えることによって、傾向が明らかになる場合もあります。興味を持ったら、ぜひ一度ワーク・エンゲイジメント指標を取り入れることを検討してみてください。

あとがき

ストレスチェックは、労働者自身が自らのストレスに気が付く契機にするとともに、会社が労働者のストレス状況を理解し職場改善に生かすことを目的に作られた制度です。しかし、残念ながら多くの会社で集団分析のデータ活用が十分にできておらず、多くのコストや時間をかけてストレスチェックを実施しても、従業員も会社もメリットを感じられない不幸な状況が生じています。

その主な原因はリソース不足です。常勤の産業衛生スタッフがいない中小規模の事業所では、そもそも集団分析結果の読み方を理解できる人がいない、といったケースが稀ではないでしょう。また、仮に集団分析から職場の問題点が把握できても、どこからどのように職場改善活動をスタートすればよいかわからない、という相談も少なくありません。

しかし、ストレスチェックでどんなデータを取っているのか正確に理解した上で簡単な解析を行えば、専門家やコンサルタントの力を借りなくても各職場の特徴や課題が明確に見えてきます。また職場改善活動についても、集団分析結果を多くの関係者に理解してもらい、どんな工夫ができるか知恵を出し合いながらＰＤＣＡサイクルを回していくことにより、小さな変化がいずれ大きな環境改善につながります。現時点でこういった取り組みが不十分な中小の事業所ほど職場改善の余地が大きく、より大きな成果が期待できるのです。

集団分析と職場改善活動については、ストレスチェック制度開始前よりも重要性が認識されるようになっており、今後はより活用が求められる方向に進むことが確実視されています。

本書が、集団分析と職場改善活動に意欲がありつつも、どこから手をつければよいかわからず悩んでいる、労務担当者の方々の一助になればと思います。そして、一つひとつの事業所での小さな職場改善活動の積み重ねが、職場で働く従業員の健康増進や会社の業績向上、ひいては社会全体の幸せにつながることを期待しています。

最後に、本書を執筆するにあたって、第一法規編集者の岩﨑良子さんおよび株式会社アドバンテッジ リスク マネジメントに多くの協力をいただいたことに、心から感謝します。

ありがとうございました。

2020年3月

石澤哲郎

《参考文献》

●厚生労働省「労働安全衛生法に基づくストレスチェック制度実施マニュアル」（2019年７月最終改訂）

https://www.mhlw.go.jp/content/000533925.pdf

●健康いきいき職場づくりフォーラム「新職業性ストレス簡易調査票の公表について」（2012年４月１日）

https://mental.m.u-tokyo.ac.jp/jstress/

●島津明人“ワーク・エンゲイジメントとポジティブ・メンタルヘルス”『産業保健21』（2015年10月第82号）

https://www.johas.go.jp/Portals/0/data0/sanpo/sanpo21/sarchpdf/82_2.pdf

●独立行政法人労働者健康安全機構・厚生労働省「これからはじめる職場環境改善～スタートのための手引～」（2018年11月）

https://www.johas.go.jp/sangyouhoken/johoteikyo/tabid/1330/Default.aspx

●一般社団法人日本循環器学会禁煙推進委員会「PASSPORT TO STOP SMOKING［第３版］」（2008年６月）

http://www.j-circ.or.jp/kinen/public/guidebook.htm

●Anderson RJ, Freedland KE, Clouse RE, Lustman PJ. The prevalence of comorbid depression in adults with diabetes: a meta-analysis. Diabetes Care. 2001 Jun;24(6):1069-78.

https://www.ncbi.nlm.nih.gov/pubmed/11375373

（URL確認：2019年12月）

《著者紹介》

石澤哲郎（いしざわ・てつろう）

1975年神奈川県生まれ。東京大学医学部を卒業後、早稲田大学統括産業医や東京大学医学部附属病院心療内科助教（医局長）などを経て、現在は産業医事務所セントラルメディカルサポート代表、ワーカーズクリニック銀座院長、株式会社リンケージ取締役CMO。心療内科専門医、総合内科専門医、医学博士等の資格を有し、東京大学医学部附属病院心療内科の非常勤講師として教育活動にも従事している。メンタルヘルス分野の専門性をいかし、30社以上の顧問先企業で休復職対応や長時間労働対策、健康経営推進などに関する取り組みを行うとともに、法務博士（司法試験合格）の知識を活用して長時間労働やハラスメント問題などに関連した労務トラブルに関する助言も行っている。

サービス・インフォメーション

通話無料

①商品に関するご照会・お申込みのご依頼
TEL 0120(203)694／FAX 0120(302)640

②ご住所・ご名義等各種変更のご連絡
TEL 0120(203)696／FAX 0120(202)974

③請求・お支払いに関するご照会・ご要望
TEL 0120(203)695／FAX 0120(202)973

●フリーダイヤル（TEL）の受付時間は、土・日・祝日を除く9:00～17:30です。

●FAXは24時間受け付けておりますので、あわせてご利用ください。

心療内科産業医と取り組むストレスチェック集団分析
職場改善への活用手順と実践例

2020年3月30日　初版発行

著　者　石　澤　哲　郎

発行者　田　中　英　弥

発行所　第一法規株式会社
〒107-8560　東京都港区南青山2-11-17
ホームページ　https://www.daiichihoki.co.jp/

産業医ストレス　ISBN978-4-474-06720-2　C2034（7）